HEYNE <

Über die Autoren:
Bjarne Schilling, Jahrgang 1959, und Gorm Vølver, Jahrgang 1954, arbeiten als Journalisten für die dänische Zeitung Politiken. Beide verbindet die Erfahrung eines Leistenbruchs und die Leidenschaft für Baumärkte. *Halbzeit, Jungs!* ist ihr erstes gemeinsames Buch.

Bjarne Schilling & Gorm Vølver

Halbzeit, Jungs!

Das Handbuch für echte Kerle im besten Alter

Aus dem Dänischen von
Angelika Mertens

WILHELM HEYNE VERLAG
MÜNCHEN

Die dänische Originalausgabe erschien 2010
unter dem Titel
Handbog for halvgamle maend
bei JP/Politikens Forlagshus, Kopenhagen.

Verlagsgruppe Random House FSC®-DEU-0100
Das für dieses Buch verwendete FSC®-zertifizierte Papier
Hello Fat Matt 1,1 liefert Condat, Le Lardin Saint-Lazare, Frankreich

Originalausgabe 01/2013

Printed in Germany 2012
Überarbeitet und erweitert von Jörg Heinrich
Umschlaggestaltung: Büro Überland
Satz: Greiner & Reichel, Köln
Druck und Bindung: Druckerei Uhl, Radolfzell
ISBN 978-3-453-60238-0

www.heyne.de

INHALTVERZEICHNIS

VORWORT

Das hier ist kein sogenanntes *Coffee Table Book* mit den Hauptwerken von Gerhard Richter, das man gut sichtbar herumliegen lässt, um Gäste dezent auf seinen erlesenen Geschmack hinzuweisen. Es ist eher ein *Toilet Floor Book* mit den schlimmsten Textverbrechen von Wolfgang Petry, das man zur Hand nimmt, nachdem man es sich auf der voll massiven Duroplast-Brille gemütlich gemacht hat, um sich endlich entspannt einer anspruchsvoll intellektuellen Lektüre zu widmen.

Auch die Ehefrau des mittelalten Mannes kann von diesem Buch profitieren. Sie sollte es als eine Art Gebrauchsanweisung für ihren Mann im besten Alter sehen.

Wir Halbzeitmänner merken gar nicht, dass wir einer geworden sind. Wir fühlen uns immer noch wie ein Zwanzigjähriger. Manchmal sehen wir im Fernsehen Lothar Matthäus, oder wir treffen einen Gleichaltrigen, den wir jahrelang nicht gesehen haben, und denken: »Meine Fresse, was ist der alt geworden!« Auf den Gedanken, dass er vermutlich das Gleiche über uns denkt, kommen wir nicht.

Erst nachdem mehrere Trampel in völlig unpassender Manier auf unser Alter angespielt haben, dämmert uns, dass wir möglicherweise nicht mehr der Mann sind, für den wir uns halten. Die Friseurin fragt, ob sie uns aus den Augenbrauen die wild sprießenden Haare stutzen soll, die Ehefrau verehrt uns einen Nasenhaartrimmer, jüngere Kollegen bitten uns um Rat, wenn sie nach einem passenden Geschenk für ihren Vater oder Großvater suchen. Oder sie wollen von uns wissen, wie das damals war, im Wirtschaftswunder, vor der Euro-Krise.

Das sind harte Schläge. Sie führen dazu, dass wir, die wir uns nie groß für unser Aussehen interessiert haben, anfangen, unser Spiegelbild aufmerksam zu studieren.

Mit immer weiter absinkenden Mundwinkeln, merkelisiert sozusagen. Denn was wir da sehen, gefällt uns nicht.

Uns stört nicht nur, dass uns an lauter falschen Stellen Haare wachsen. Unser gesamtes Äußeres hat sich verändert. Es hat etwas Weibliches bekommen. Ein Bauch wie eine Schwangere. Brüste wie ein Mädchen zu Beginn der Pubertät.

Aber es hat sich noch viel mehr geändert. Unsere Interessen zum Beispiel. Wir verspüren jetzt oft das dringende Bedürfnis, uns aufzuregen. Und da einem Mann im Frühherbst seines Lebens kaum etwas Schlimmeres passieren kann, als dass ihm die Anlässe für Empörung ausgehen, enthält dieses Buch eine umfangreiche Sammlung von Aufregern und Beschwerdegründen aller Art.

Halbzeit, Jungs! informiert auch über die unterschiedlichen Typen von mittelalten Männern und beschäftigt sich eingehend mit deren Kernkompetenzen.

Es gibt nämlich so einiges, was andere von uns lernen können.

DER ITALIENER, DER GERN DICHTER GEWORDEN WÄRE

Carlo Merolli ist Italiener. Er lebt in Dänemark, seit er als junger Student in eine Kleinstadt auf der Insel Seeland kam und an der Tür einer Wohngemeinschaft klingelte. Sie wurde von einer blonden Göttin geöffnet. Sie war splitternackt. Da wusste Carlo, dass Dänemark das Paradies war.

Heute ist er verheiratet, hat Kinder und ist ein Mann in seinen besten Jahren. Er hat einen Beruf, von dem zahllose mittelalte Männer träumen: Er handelt mit italienischen Weinen. Einen Teil davon trinkt er selbst – oft zusammen mit dem Zeichner Roald Als. Roald ist einer seiner besten Freunde und selbst ein Halbzeitmann. Von ihm stammen nicht nur die Zeichnungen in diesem Buch, sondern auch der Bericht über die Fußballmannschaft für mittelalte Männer, in der er und Carlo jeden Freitag spielen.

Es ist sehr praktisch, Carlo und Roald zu kennen. Carlo, weil er gute Weine hat, Roald, weil er im nördlichen Lolland, knapp zwei Stunden von Kopenhagen entfernt, ein schönes Haus am Meer besitzt. In eben dieses Haus haben sich die Autoren dieses Buches ein Wochenende lang zurückgezogen und so lange Brainstorming gemacht, bis sie sich auf den Inhalt von *Halbzeit, Jungs!* geeinigt hatten.

Das war ohne guten Wein nicht möglich. Was lag näher, als Carlo ein paar Flaschen spendieren zu lassen? Aber er

stellte Bedingungen. Er wollte, dass eines seiner Gedichte mit ins Buch kommt. Carlo hat leider die Unart, Gedichte zu schreiben und sie dann an Gott und die Welt zu verschicken. Meistens schaffen wir es, sie uns vom Hals zu halten, aber dieses Mal hatte er sehr überzeugende Argumente: einen Liter Tintero, Rosso di Toscana, Fattoria Majnoni Guicciardini 2008 und einen Dreiviertelliter La Ragose, Valpolicella Classico 2008.

Nach dem Arbeitswochenende waren wir uns einig, dass die erste Flasche die beste war. Sie war größer.

Hier also Carlos Gedicht. Unsere Bedingung war, dass es darin um *mittelalte Männer* gehen sollte.

DER PROSTATA-BLUES

Jetzt sind wir also hier
damit haben wir nicht gerechnet
damals, als wir unendliche Nachmittage lang
spielten und dabei immer viel zu laut waren
der Hausmeister stahl unseren Ball
ihm war es sehr recht, dass wir erwachsen wurden
und aus seinem Hinterhof verschwanden
allen war es sehr recht, dass wir erwachsen wurden
verantwortungsvolle Wehrpflichtige
zuverlässige Familienväter
pünktliche Steuerzahler
treue, o treue Ehemänner
und jetzt sind wir also hier
inzwischen kennen wir alle Wahrheiten
wir sagen sie vor uns hin
in der Dämmerung eines weiteren Prostatamorgens
die Nacht zweistündlich unterbrochen
während der Rest der Welt
per SMS weitermacht
und drücken Sie 1, um mit einem Mitarbeiter
hier also sitzen wir und vertreten
die richtigen Ansichten
die keiner teilen will

warum sehen sie nicht
dass wir recht haben?
Warum geht die Welt nicht den Weg
den wir für sie gezeichnet haben
wir, die wir alle Antworten haben
alle Lösungen
und keine Fragen mehr?

WIE ALT SIND SIE?

Selbst wenn Ihre Geburtsurkunde verkündet, dass Sie mittelalt oder gar richtig alt sind, muss Ihr Kopf das nicht auch sein. Hier einige Fragen, die Sie mit »ja« oder »nein« beantworten können. Zählen Sie die Punkte zusammen, und finden Sie heraus, wie schlimm es wirklich steht.

Sie erwägen, zum Seniorentreff Ihrer Gemeinde zu gehen.
4 Punkte

Sie gehen schon zum Seniorentreff Ihrer Gemeinde.
6 Punkte

Sie freuen sich auf die neue *Apotheken Umschau*.
8 Punkte

Sie haben mit dem Seniorentreff Ihrer Gemeinde eine Busreise zur Tulpenblüte in Holland gemacht.
10 Punkte

Sie haben mit dem Leserclub Ihrer Tageszeitung eine Busreise zum Nürnberger Christkindlesmarkt gemacht.
2 Punkte

Sie zögern sehr, etwas zu unternehmen, was Sie nicht mindestens einen Tag im Voraus geplant haben.
8 Punkte

Sie haben angefangen zu joggen. Ihr Ziel ist die Teilnahme an einem Marathon. Am liebsten in New York, aber auch Berlin wäre eine Alternative.
2 Punkte

Sie hätten auf der Toilette gern einen Zeitungshalter.
2 Punkte

Wenn Sie sich hinsetzen, sagen Sie jedes Mal *Oijaja*.
4 Punkte

Sie finden, dass alle Jüngeren fast immer und in fast allem unverschämter und schlimmer geworden sind.
6 Punkte

Sie erwägen den Kauf eines Fernsehsessels.
6 Punkte

Sie haben sich schon einen Fernsehsessel gekauft.
10 Punkte

Sie mögen beigefarbene Kleidung.
6 Punkte

Sie nennen Ihre Frau »Mutti«.
10 Punkte

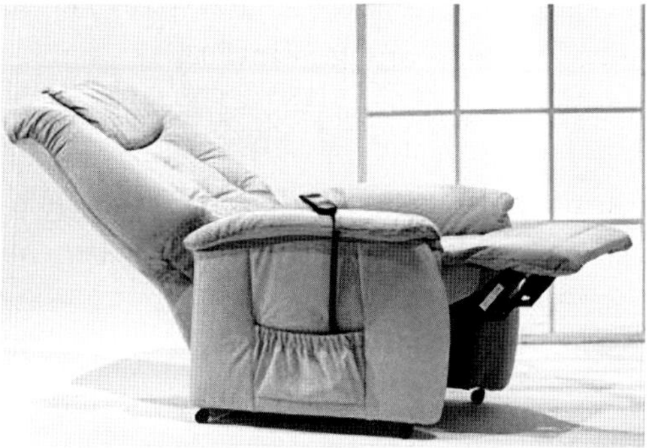

Sie haben angefangen, Wein/besondere Biersorten/Briefmarken/Schallplatten/etwas anderes zu sammeln.
4 Punkte

Sie haben sich ein altes Motorrad zugelegt.
4 Punkte

Sie haben die Doppel-CD *Grand Prix der Volksmusik – Finale 2010* gekauft.
6 Punkte

Sie haben angefangen, im Garten mit den Vögeln zu reden und sie zu füttern.
8 Punkte

Sie spielen Golf und freuen sich über den Flaschenöffner, den Sie bei einem Senioren-Tunier gewonnen haben. Er hat die Form eines Golfballs.
6 Punkte

Ihr größtes Interesse gilt Wein. In einer Ecke des Kellers haben Sie selbst Flaschenregale montiert, die Sie Ihren »Weinkeller« nennen.
4 Punkte

Sie können keinen Wein trinken, ohne ihn vorher im Glas zu schwenken, ausgiebig zu beschnuppern und laut schlürfend zu trinken.
8 Punkte

Sie besuchen Wein- oder Bierverkostungen.
6 Punkte

Sie haben angefangen, Golf zu spielen.
2 Punkte

Sie überlegen, ob Sie nach Frankreich/Italien/Spanien/Griechenland/in die Türkei umziehen sollen. Schließlich gibt's da mehr für Ihre Rente.
4 Punkte

Sie achten beim Autokauf auf eine angenehme Einstiegshöhe.
8 Punkte

Auswertung:

0 bis 20 Punkte: Sie mögen mittelalt sein, sind aber noch vergleichsweise jung im Kopf.

20 bis 40 Punkte: Von nun an geht's bergab. Sie können der Abwärtsspirale aber noch entkommen, wenn Sie beispielsweise Ihr Motorrad verkaufen und aufhören, mit den Tieren in Ihrem Garten zu sprechen.

40 bis 80 Punkte: Sie sind schon so weit in die Spirale hineingeraten, dass Sie Gefahr laufen, vorzeitig zu altern.

Über 80 Punkte: Die Sache ist hoffnungslos.

Der Schlager-Test

Nachdem jetzt also zweifelsfrei geklärt ist, wie mittelalt Sie wirklich sind, sollten wir … Ja? Wie jetzt? Sie sind sich noch gar nicht sicher, was Ihr inneres Alter angeht? Sie brauchen mehr Gewissheit, bevor Sie sich endgültig in Ihr Schicksal als Rotwein trinkender Halbzeitmann fügen? Hm, also … Wie wäre es mit einem weiterem Test? Einem, der besonders stichhaltig und aussagekräftig ist?

Bestimmt erinnern Sie sich: Hier! Ist! Berlin! Hier! Ist! Ihr! Zett-De-Eff! Mit diesen Worten begrüßte Dieter Thomas Heck die Vertreter der »Generation Hitparade« zwischen 1498 und 1669 insgesamt 831-mal aus den Studios der Berliner Union-Film zur Hitparade, der legendären Schlagerparty. Mit dabei waren Griechen-Pleitier Costa Cordalis, Schlafzimmer-Blicki Vicky Leandros, Dänen-Schnittchen Dorthe Kollo sowie andere unvergessene und teils heute noch – mehr oder weniger – lebende Publikumslieblinge. Beim Begrüßen stach Heck den Zuschauern mit seinem Fuchtel-Zeigefinger mitleidlos die Augen aus. Truck Branss, der Mann mit dem coolsten Namen der Welt, führte Regie, und die 1902 geborene Hitparaden-Oma Frieda Zölle klatschte dazu, bis ein Schlageranfall sie 1998 hinwegraffte. Bloß das Tanzorchester ohne Namen sowie die Ute-Mann-Singers ließen sich, soweit man weiß, nie blicken.

Hoppla, wie wir gerade aus dem Lektorat hören, hat sich oben ein Fehler eingeschlichen. Es muss heißen: Zwischen *1969* und *1984* präsentierte Dieter Thomas Heck die Zett-De-Eff-Hitparade. Doch welchen Unterschied macht das schon? Wer sich an Heck, an Monica Morell, Daisy Door,

Chris Roberts oder Henry Valentino erinnert, ist zumindest im besten Alter, wenn nicht gar im allerbesten.

In unserem »Schlager-Test« können Sie mit 25 Fragen problemlos überprüfen, ob Sie bereits zur lebenserfahrenen Hitparaden-Generation gehören und womöglich Chancen haben, bald als »DSDS-Opa« bei Bohlen in der ersten Reihe zu sitzen. Aber bitte singen Sie nicht mit, sonst geht es Ihnen noch wie Frieda Zölle, der Hitparaden-Oma. Sie wurde bei Heck 1973 aus der ersten Reihe zwangsentfernt: Die rüstig renitente Rentnerin hatte mit »Du bist mit Gold nicht zu bezahlen« ihren eigenen Hit aufgenommen und stand deshalb beim Zett-De-Eff fortan unter dem Verdacht, Schleichwerbung für das eigene künstlerische Schaffen zu betreiben.

Aber zurück zum Test. Machen Sie sich bereit, toupieren Sie sich Ihr ergrautes Brusthaar, kleben Sie sich künstliche Koteletten an und rücken sich die Lesebrille zurecht! Es geht los! (Hecks Fuchtel-Finger, der unvermittelt auf Sie zuschießt, müssen Sie sich einfach denken.)

Wer oder was ging bei Adamo auf Reisen?

a) ein Däne, b) eine Träne, c) ein Slowene, d) das schöne Mädchen von Seite eins

Wer war der Freund von Alexandra?

a) Hans-Jürgen Bäumler, b) Waldi Hartmann, c) Patrick Lindner, d) der Baum

Wer war alles für Bata Illic?
a) Ivica Olic, b) Michaela, c) Dagmar Berghoff, d) der römische Legionär Schlagdraufundschluss

Wo wäre Dorthe Kollos schöner Playboy besser geblieben?
a) in Dinslaken, b) bei René Kollo, c) in Düsseldorf, d) in den hinteren Vorderkarpaten

Wie oder wohin fuhr der Zug von Christian Anders?
a) mit Verspätung in den Bahnhof, b) wegen eines Personenschadens gar nicht, c) ohne Klimaanlage, d) nach Nirgendwo

Wer spielte bei Cindy und Bert am Abend?
a) der Zigeuner, b) Ente Lippens, c) Nina und Mike, d) Rudi Völler

Was erblühte ebenfalls bei Cindy und Bert in Malaga?
a) Die Toten Hosen, b) die Rosen, c) eine Blühbirne, d) Bernd Blüver

Welche zwei Kleinen besang Conny Froboess?
a) Italiener, b) Altmüllcontainer,c) Tick und Trick ohne Track, d) Entertainer

Wer war laut Rudi Carell gut?
a) Rudi Carell, b) Königin Juliana, c) Goethe, d) Arjen Robben, solange er nicht Elfmeter schießt

Welche Heidi verewigten Gitti und Erika?
a) Klum, b) gar keine Heidi, c) Kabel, d) die weiße Hai, die

Über welchen Computer sang die süße France Gall?
a) MacBook Pro mit hochauflösendem Retina-Display, b) Windows 68, c) Nr. 3, d) iPad

Was trug ebenfalls France Gall im Haar?
a) zwei Apfelsinen, b) Extensions, c) drei Karotten, d) zwanzig Zucchini

(wird wegen der bei Best Agern häufig anzutreffenden Abergläubigkeit übersprungen)

Wer beeindruckte Heino mit himmelhimmelhimmelblauen Augen?
a) Die lila Luise, b) Die rot gestreifte Elfriede, c) Die schwarze Barbara, d) Die braune Birgit

Was machte bei Hilde Knef eins und eins?
a) fünf, b) zwei, c) 1,1 Promille, d) die Zahl Pi

Was gab's bei Hofmann und Hofmann zum Frühstück?
a) Birchermüsli, b) einen Blowjob (wir meinen natürlich das Getränk), c) Wurstel con Krauti, d) Himbeereis

Mit wem lebte Howard Carpendale Tür an Tür?
a) T-Online, b) Vodafone, c) E-Plus, d) Alice

Wen wollte Gitte als Mann?
a) den Hitparaden-Opa, b) John Wayne, c) Walter Scheel, d) Alice Schwarzer, e) einen Cowboy
(Zur Erleichterung haben Sie diesmal zwei richtige Antworten zur Auswahl. Zwei Richtige ergeben einen Sonderpunkt, diese Chance sollten Sie sich nicht entgehen lassen.)

Wer fuhr im Wagen vor Henry Valentino?
a) ein junges Mädchen, b) ein kleines Städtchen, c) Heinz-Harald Frentzen, d) der Nachtexpress nach St. Tropez

Wer fiel Juliane Werding zum Opfer?
a) Katsche Schwarzenbeck, b) Conny Froboess, c) Kramer gegen Kramer, d) Conny Kramer

Wie hieß der Trödler von Wolfgang?
a) Abraham, b) Peter Frankenfeld, c) Michael Schumacher, d) Lou van Burg

Wer war laut Manuela schuld?
a) der Pariser Tango, b) Mireille Mathieu, c) der Bossa Nova, d) Maria Höfl-Riesch

Wohin fuhren Peter Rubin und seine Frau zu zweit?
a) Nirgendwo, b) Irgendwo, c) nach Großburgwedel, d) Sie gingen zu Fuß.

Was wollte Bata Illic sein?
a) der BH von Suse, b) Rex Gildos Muse, c) der Knopf an deiner Bluse, d) der Mann von Beate Uhse

Was konnte man laut Chris Roberts nicht immer sein?
a) Fußball-Weltmeister, b) 70, c) 1,70 Meter, d) 17

Wen besang Fred Bertelmann?
a) den lachenden Vagabunden, b) Buchclub, c) Amazon Prime, d) DHL

Und hier die **Lösungen**, powered by Truck Branss und Frieda Zölle. Für jede richtige Lösung bekommen Sie einen Punkt.
1. b, 2. d, 3. b, 4. c, 5. d, 6. a, 7. b, 8. a, 9. c, 10. b, 11. c, 12. a, 13. weder a noch b, auf keinen Fall c und schon gar nicht d, 14. c, 15. b, 16. d, 17. d, 18. b und e, 19. a, 20. d, 21. a, 22. c, 23. b, 24. c, 25. d, 26. a.

Auswertung

0 bis 6 Punkte: Sie sind ein Mittelalter-Simulant! Mit grau gefärbten Schläfen machen Sie einen auf 57, um reiche Witwen oder auch Witwer zu schütteln, heutzutage ist ja alles möglich. Doch in Wahrheit sind Sie unreife 21 und kennen sich mit Lady Gaga und Rihanna besser aus als mit Mary Roos und ihrer Schwester Tina York. Ihr Weg nach Mendocino ist noch weit. Oder wie Martin Mann 1971 sang: »Meilenweit muss ich geh'n!« Alter einfach so vorzutäuschen – Sie sollten sich was schämen!

7 bis 14 Punkte: Sie sind auf dem besten Weg, das goldene Mittelalter zu erreichen. Dieser Prozess ist unaufhaltsam, wie Barry Ryan bereits 1972 zu berichten wusste: »Die Zeit macht nur vor dem Teufel halt.« Aber nicht vor Ihnen. Bisher allerdings wirken Sie erst wie gefühlte 41, wie ein Senioren-

Jungspund. Doch nachts, wenn alles schläft, dürfen Sie schon mal träumen von der Mitgliedschaft im erlauchten Kreis der »Generation Käfer«.

15 bis 21 Punkte: Mann, sind Sie ein Halbzeitmann! Truck Branss und Heck wären stolz auf Sie! Mike Krüger kann bedenkenlos für Sie »Mein Gott, Alter« anstimmen, und Gitte »So schön mittelalt kann doch kein Mann sein«. Sie sind ein Gebrauchtwagen auf zwei Beinen, ein Citroën Ami von 1966 oder gar eine stolze DS, aber bestens erhalten und mit H-Kennzeichen. Und noch sind Sie unternehmungslustig, marschieren »Barfuß im Regen« und verspielen bisweilen die Liebe in Monte Carlo, Sie lachender Vagabund, Sie!

22 bis 27 Punkte: Wenn Sie 27 Punkte haben, haben Sie betrogen, Sie Schuft, es gab nur 26! Das macht man nicht in Ihrem Alter! Ansonsten sind Sie ein musikbiologisches Wunder und waren vermutlich bei jeder Hitparade live dabei. Ihr Kopf ist eine Schlager-Festplatte voller Chris-Roberts-MP3s, die kurz vor dem Überfüllungs-Crash steht. Rheumagebeugt und dennoch munter marschieren Sie unter dem Motto »Eine neue Liege ist wie ein neues Leben« schnurstracks auf die neunzig zu. Möglicherweise handelt es sich bei Ihnen um den Großvater des Grafen von Luxemburg. Oder schlimmer: Sie sind Conny Cramer!

Die Tagesschau vor 25 Jahren

Falls Sie auch nach dem zweiten Test immer noch Zweifel hegen, ob Sie bereits marode genug sind, um als mittelalter Mann durchzugehen, bietet Ihnen der kleine bayerische Fernsehsender BR-Alpha Hilfe und Orientierung. BR-Alpha schmückt sich mit dem Motto »Klüger fernsehen«, womit es sich signifikant von RTL, Sat.1, ProSieben und eigentlich allem außer dem Arte-Nachtprogramm gegen halb 4 Uhr morgens unterscheidet. Jeden Werktag um 18.30 Uhr läuft auf BR-Alpha die *Tagesschau vor 25 Jahren*. Und wenn Ihnen beim Zugucken alles sehr bekannt vorkommt, besteht kein Zweifel mehr, dass Sie schon mehr von Ihrem Leben hinter sich als noch vor sich haben.

Die *Tagesschau vor 25 Jahren* zeigt, wie es der Name bereits zart andeutet, die *Tagesschau* von vor 25 Jahren. Beim Schreiben dieser Zeilen wurden also gerade Sendungen aus dem Jahre 1987 gezeigt. Moderiert wurde die Gruftie-*Tagesschau* damals von Männern, die noch echte Herren waren, also beispielsweise von Werner Veigel, Jo Brauner (stören Sie sich bitte nicht an seinem Namen!) und Dagmar Berghoff. Wobei: Die war eine Frau. Mehr noch: Dagmar Berghoff war 1976 die erste Frau überhaupt, die die heilige Mutter Tagesschau vorlesen durfte, was bei damals noch jungen und heute mittelalten Männern massive Ängste auslöste. Um Himmels willen, eine Frau erklärt uns die Welt! Versteht die überhaupt etwas davon, also von der Welt? Revolution! Sodom und Gomorrha! Ist das Ende nahe?

Wenn Sie sich auf BR-Alpha beim Anblick von Dagmar Berghoff auch denken: »Herrje, wird sie stricken beim Nachrichtenvorlesen oder gar Suppe kochen? Und wer passt eigentlich auf Dagmars Kinder auf, während sie vorliest?«, dann sind Sie womöglich noch viel älter, als Sie ohnehin dachten. Am besten haben Sie es allerdings getroffen, wenn Karl-Heinz Köpcke die *Tagesschau* von vor 25 Jahren liest. Wenn Sie Köpcke wie einen alten Bekannten begrüßen (»Hey Charly, altes Fossil!«), ist der ultimative Beweis Ihrer nahe bevorstehenden Sterblichkeit erbracht. Denn wenn Sie jung wären, würden Sie Karl-Heinz Köpcke sicher nicht kennen und hielten ihn für eine frühe Version des fast gleichnamigen Ex-Nationaltorwarts und Jogi-Löw-Bundestorwarttrainers Andreas Köpke, dem das »c« gestohlen wurde.

Dazu muss man wissen, dass Karl-Heinz Köpcke etwa seit Anbeginn der Menschheit die Nachrichten im Fernsehen vorlas. Er verkündete bereits die Ermordung von Abel durch Kain – »Große Teile der Menschheit ausgelöscht« – sowie das Scheitern der Türken vor Wien: »Gute Nachrichten für das Christentum kommen heute aus Österreich.« Ebenfalls durch Köpcke erfuhr die Nation 1618 vom Beginn des Dreißigjährigen Krieges: »Er wird nach aktueller Einschätzung von Peter Scholl-Latour erst im Jahre 1648 enden.« »Durch aktuelle Entwicklungen in den USA werden Hausarbeitshilfen künftig teurer«, verkündete Köpcke die Abschaffung der Sklaverei in Amerika.

Es wäre ein sehr bedenkliches Zeichen, wenn Sie die Nachrichten von Karl-Heinz Köpcke oder Jo Brauner praktisch auswendig mitsprechen können. 1987 beispielsweise ging es darin meist um Bundesaußenministergenscher (jahrzehntelang übrigens ein zusammenhängendes Wort: »Bundesaußenministergenscher«) oder um die Barschel-Badewanne. Rufen Sie Uwe Barschel beim Aussteigen am Flughafen in Genf verzweifelt zu, »Uwe, bloß nicht im Beau Rivage baden gehen, das geht nicht gut!«, sind Sie in jedem Fall ein Halbzeitmensch. Ob Sie noch dazu ein Mann sind, können Sie am besten selbst beurteilen. Es gibt einige eindeutige Hinweise, auf die wir an anderer Stelle eingehen. Vielleicht.

Wenn Sie sich bei einer Sitzung des SED-Politbüros wohlig gruseln, wenn Sie sich noch erinnern, dass der Vor-Vor-Vor-Vor-Vor-Vor-Vor-Vor-Vor-Vor-Vor- (usw. usf.) Vorgänger von Sigmar Gabriel als SPD-Vorsitzender Willy Brandt hieß, wenn Sie nicht vergessen haben, dass der Papst nicht immer aus Bayern kam, wenn Sie Perestroika für keinen usbekischen Kartoffelschnaps und UdSSR für kein hippes Internetkürzel wie lol oder hdl halten, dann ist die Diagnose ebenfalls klar.

Und falls Sie ganz mutig sind, schauen Sie sich vielleicht auch mal *Die Tagesschau vor 50 Jahren* an – am Ende ist das Urteil »Halbzeitmann« vielleicht sogar noch zu optimistisch.

Aber trösten Sie sich – denn egal ob jung, mittelalt oder alt, einige Dinge ändern sich nie. Ob 1987 oder 2012, der Trainer des FC Bayern heißt immer Jupp Heynckes, und das Europacup-Finale geht immer verloren für die Münchner.

Im Starbucks

Sie sträuben sich noch. Sie sind objektiv Frühsenior, fühlen sich subjektiv aber immer noch jung und cool? Sie erklären Ihren Enkeln lässig, wie man aus drei Apps auf dem iPad einen Ordner erstellt? Sie wissen, dass Android-Handys nur für Ärger sorgen, wegen Googles alberner Update-Politik?

Zusammengefasst: Ihr gefühltes Alter liegt bei, sagen wir, 31,5? Schön für Sie! Doch es gibt einen Ort auf dieser Welt, der alle Ihre Illusionen auf einen Schlag zunichtemacht. Beziehungsweise: Es gibt viele solcher Orte, nämlich allein in Deutschland über 150. Sie erkennen diese Orte selbst ohne Ihre Gleitsichtbrille von Fielmann mühelos an der grünen Sirene im Logo sowie an der Furcht einflößenden Aufschrift »Starbucks« am Eingang.

Sobald Sie diese US-amerikanische Schnellalterungseinrichtung betreten, ist es mit der wunderbar erträglichen Leichtigkeit des Seins schlagartig vorbei. Als gefühlter Hipster wissen Sie natürlich, dass es hier so etwas Ähnliches wie Kaffee gibt. Aber wagen Sie es bloß nicht, beim freundlichen weizenblonden Mädchen an der Theke mit ihrem hübsch wippenden Pferdeschwanz einen »Kaffee« zu bestellen wie früher bei Ihrem Konditor! Hui, da machen Sie sich aber unbeliebt, Sie Koffein-Grufti!

Blitzschnell prasseln dann die Rückfragen auf Sie ein: Decaf oder Half-Caf, wo Sie doch nach einem Kaffee am Abend sicher schwer einschlafen? Fat, Lowfat oder Nonfat? Soja oder Non-Soy? Sugar, Sweet 'n' Low, Equal oder Splenda? Single (»Nein, verheiratet, seit 32 Jahren«), Double, Triple, Quad? Vielleicht gar Ristretto, das mysteriöse Geheimwort aus der Clooney-Werbung, von dem keiner weiß, was es bedeutet und ob es überhaupt etwas bedeutet? Oder darf's maybe ein Frappuccino Iced Mocha, ein Vanilla Caramel Macchiato, ein Cinnamon Spice Mocha oder doch ein Americano sein, der US-presso für Weicheier, amerikanisch verdünnt und entstellt bis zur Unkenntlichkeit?

Während Frollein Pferdeschwanz noch wippt, verstehen

Sie schnell, dass Sie nichts verstehen. Die echten jungen Menschen in dieser Grünsirenen-Einrichtung verständigen sich nämlich durch mysteriöse Geheimformeln, die Sie als Ü38-er schon rein genetisch bedingt gar nicht erfassen können. Das beginnt bereits bei der Größe Ihres Kaffees, pardon, Ihrer Toffee Nut Latte. Zur Auswahl stehen Becher in »Tall«, »Grande« und »Venti«. Doch falls Sie in der Schule je gelernt haben, dass »Tall« »groß« heißt und dass »Grande« mehr oder weniger das Gleiche bedeutet, vergessen Sie's. Auf Starbucksisch meint »Tall« »Small«, also klein. Wenn Sie »Small« wollen, sagen Sie also »Tall«. »Grande« wiederum ist mittel. Warum, weiß niemand, höchstwahrscheinlich nicht einmal Starbucks selbst.

»Venti« wiederum steht für groß, genauer gesagt, für sehr groß, also für 20 US-Unzen. In Ihrer ausgedienten Seniorensprache entspricht das satten 592 Millilitern. Starbucks hat sich »Venti« übrigens als Markenzeichen schützen lassen, seither klafft im Italienischen zwischen »Dicianove« (19) und »Ventuno« (21) eine gar schmerzliche Lücke. Der Gebrauch der Zahl Zwanzig ist außerhalb von Starbucks-Kaffeebuden auch zwischen Brenner und Sizilien heutzutage strafbar.

Wobei Sie aufpassen müssen, denn die Verwirrung ist noch größer, als Sie gedacht haben. »Venti« steht nämlich, soweit dies bereits erforscht ist, nur bei Heißgetränken für 20 Unzen. Venti-Kaltgetränke werden dagegen in 24 Unzen-Bechern ausgegeben, die 710 Milliliter fassen. Sie sehen: alles ziemlich verunzt an diesem mysteriösen Ort der Blitzalterung. Da kann auch die schöne Michelle-Unziker-Kopie an der Kasse kurzfristig nicht helfen. Wenn die Türken vor Wien geahnt hätten, was sie da anrichten mit ihrem Kaffee, hätte der Kalif schon kurz nach Budapest den Rückzug befohlen. Was erlauben Unz???

Sie könnten übrigens rein theoretisch auch einen »Short« bestellen, also einen echten »Small«, einen der nicht »Tall« ist – aber nur hinter vorgehaltener Hand. Denn diese kümmerliche 237-Milliliter-Seniorengröße wird nur ungern und semilegal unter dem Ladentisch verkauft. Noch nicht in Deutschland zu haben ist dagegen der gewaltige »Trenta«, der für sagenhafte 887 Milliliter pappsüßes Kaffeezeug steht, und der damit das Fassungsvermögens des menschlichen Magens von rund 900 Millilitern praktisch im Alleingang ausschöpft. Aber vergessen Sie nicht, falls Sie mal in den USA zu diesem Vergnügen kommen: Sie sind ein Halbzeitmann, und im Alter schrumpft der Magen! Bestellen Sie also lieber einen »Venti«.

Wenn Sie den Starbucks überstanden haben, und sich angemessen uralt fühlen, sollten Sie in Ihre Stammkneipe (seit Ventiquattro Jahren) gehen, ein Pils bestellen und den Wirt ein wenig drangsalieren. Sie könnten ihn fragen, warum er sein Pils eigentlich nicht in »Tall«, »Grande« und »Venti« verkauft, und ob Sie es auch extracold, medium gehopft oder als Hopfuccino haben können. Dann wird Ihr Wirt Sie anschauen wie eine entgleiste Straßenbahn. Und dann wissen Sie, dass Sie gottlob zurück sind im richtigen Leben, in dem Sie sich nicht so alt fühlen müssen wie im Starbucks, dem Tempel des »Coffee to go«, des Kaffees zum Weglaufen.

Übrigens: In den USA plant Starbucks neuerdings Filialen in Bestattungsinstituten, sozusagen »Coffee to go für immer«. Die trauernden Angehörigen sollen ihren Kummer dort wohl mit einem Frappuccino Eternal Grande Flame herunterspülen. Das Opfer wird vor dem Hinscheiden wahrscheinlich befragt: horizontal oder vertikal liegen, trocken, feucht oder extrafeucht, Sarg »Tall«, »Grande« oder »Venti«? Wobei: Hier wird's für den mittelalten Mann fast schon wieder interessant.

Wie alt ist Ihr Auto?

Woran erkennt man Männer, deren Leben von einem bevorstehenden Nahrost-Konflikt geprägt wird? Sie fahren mittelalte Autos. Oder ganz alte. Oder noch ältere. Wer selbst Jahrgang 1966 ist, hat gern ein Auto im gleichen Alter. Hier kommt zusammen, was zusammen röhrt. Das kann zum Beispiel ein Citroën Ami 6 sein, der als das am schlechtesten gelaunt dreinblickende Auto der Welt gilt. Googeln Sie nach ihm, es lohnt sich! Er sieht aus, als wäre ein Sturm über ihn hinweggefegt und hätte seinen gesamten Aufbau nach hinten geblasen und als Hexenhäuschen verformt.

Sein mehr als mürrisches gelbes Schweinwerfer-Gesicht knurrt der Welt zu: »Merde, warum muss isch in meinem Alter immer noch durch die Welt schaukeln? Lass misch doch endlich in Ruhe in meiner Garage den Rosttod sterbön! Isch bin soooooo müde. Isch bin eine Auto aus Krankreisch!« Knatter Knatter Knatter.

Der Halbzeitmann liebt sein leicht depressives Seniorenautochen genau wegen dieses »Knatter Knatter Knatter«. Denn: Es erinnert ihn so an sich selbst. Auch er will morgens nicht aus der Federbett-Garage, und auch er würde gern öfter knattern. Es läuft noch ganz rund, aber eben nicht mehr restlos. Er ist ebenfalls alles andere als neu, aber gut erhalten und nach all den Jahrzehnten womöglich ein wenig skurril und aus der Zeit gefallen. Und hat, wie gesagt, erhebliche Startschwierigkeiten am Morgen. Was dem Auto der Öldruck, ist dem Halbzeitmann der Blutdruck.

Wenn Monsieur Ami sein schmales Franzosen-Popöchen nach einigen Tagen Ruhe und Frieden aus der Garage schwingen soll, klingt das so: »Orgel, spotz, öchz. Isch-abö-keine-Lust-lass-misch-doch-zufriedön. Spotz, orgel, grmpfdmpflöchz.« Dann muss man sehr zärtlich den Choke ziehen, den Starterzug, der das Gemisch anfettet. Und nach nur wenigen Minuten Orgelöchzen und Ziehen am Starterknopf setzt sich die Fuhre auch schon ruckelnd in Bewegung: »Rengdengdereng knatterknatt, von mir aus können wir fahrön, du Nervensägö, aber eigentlisch will isch nur in Ruhe sterbön. Spotz.«

Ähnlich verhält es sich auch beim *Homo mittelaltus* beim Aufstehen am Morgen – wenngleich ohne Choke, Gemischanfettung und Starterknopf. Am Anfang tut alles weh, öchzröchel, der Vergaser macht auch noch Mucken. Aber schlussendlich kommt der Mann dann doch in Fahrt und versprüht seinen von leichter Patina nur noch aufgewerteten Charme. Wenn er erst mal unterwegs ist, läuft's ohnehin prima. Genauso beim Citroën mit der Kraft der luftgekühlten zwei Zylinder und von sagenhaften 24,5 PS. Auch das ist schön: Keinem Besitzer eines hochmodernen 200-PS-Audis würde je einfallen, noch einmal genau nachzumessen und der Welt triumphierend mitzuteilen: »Es sind gar nicht 200, es sind 200,5 PS!« Beim Ami bedeutet der Unterschied zwischen 24 und 24,5 PS dagegen einen raketenartigen Leistungsschub von nicht zu vernachlässigenden über zwei Prozent – ein Wert, wegen dem schon manche Gewerkschaft einen wochenlangen Generalstreik angezettelt hat. Und so kehrt der Mann im besten Alter ein Stückweit zurück in die Zeit seiner Kindheit, als er bei jeder sich bietenden Gelegenheit stolz wie Oskar verkündete: »Ich bin jetzt schon fast achteinhalb!«

Ach ja, der 24,5-PS-Oldtimer. Was für ein herrliches Hobby! Wie das schon riecht! Wobei die Halbzeitfrau ja eher der Meinung ist, dass der Citroën stinkt. Doch hier liegt sie entschieden falsch. Er riecht, ja, er duftet geradezu, nach einer betörenden Mischung aus Metall, Schmieröl, Benzin und einem Hauch Flugrost, nach herrlicher alter handgedengelter Technik. Für den Mann im mittleren Alter das beste Parfum der Welt! Ja, der rüstige Renner riecht wie früher die mächtigen Dampflokomotiven der Königlich Bayerischen Lokalbahn im Deutschen Museum zu München. Er riecht nach Kindheit, aber auch ein wenig nach den französischen Gitanes ohne Filter, die der Onkel Peppi selig immer beim Käferfahren geschmaucht hat und die den gesamten VW vernebelten. Was für ein prächtiger, ungesunder Gestank war das damals!

Und wie er fährt, mit Anlauf bis zu 105 Stundenkilometer schnell! Pardon, das muss heißen: 105,5 Stundenkilometer schnell, wir haben nachgemessen. Wie er schaukelt, wie er schwankt – wie Horst Seehofer nach dem Lesen der neuesten vernichtenden CSU-Umfrageergebnisse! Jede Kurve eine Herausforderung! Jedes Bremsmanöver ein kleines Abenteuer! Jeder Schaltvorgang ohne krächzenden Protest des Getriebes (Krzbrmppft!!!!!) ein Triumph! Kein Servo, kein Filter, kein Parkpiepser, keine Deppen-Automatik, die beim ersten Regentropfen den Scheibenwischer einschaltet und im Tunnel automatisch das Licht. Nicht einmal Gurte, mon Dieu! Er muss verrückt gewesen sein, der Franzose des Jahres 1966. Wunderbar verrückt.

Der Halbzeitmann tickt auch so. Der September-Mann lebt noch ungefiltert, zumindest glaubt er das gern. Wenn er Auto fährt und es zum meteorologischen Phänomen des Regens kommt, erkennt er das blitzschnell an den auf der Scheibe aufschlagenden sogenannten Regentropfen, streckt seinen rechten Arm behände nach vorne und zieht energisch am mit ESSUIE-GLACE (Deutsch: Scheibenwischer) beschrifteten Knöpfchen: Die beiden Scheibenwischerchen setzen sich ächzend und ratternd in Bewegung. Und wenn es finster wird, schaltet er ganz von allein das gelbe Funzellicht ein, so wie es sein Urgroßvater seinen Großvater gelehrt hat, und danach der Großvater den Vater.

Er ist noch kein Sensor- und Automatik-Mensch, der Mann im zweiten Drittel seines Daseins, trotz aller Sympathie für Elektronik-Schnickschnack à la iPhone (dazu später). Und die als chromglänzende Stange vom Getriebe ins Wageninnere ragende legendäre Revolverschaltung des Citroën macht ihm mehr Spaß als ein hypermodernes S-Tronic-Vollsportautomatikgetriebe im 200,5-PS-Audi. Die auf der Sitzbank zu seiner Rechten sitzende Frau im besten Alter meint ja, diese Stange hätte etwas entschieden Phallisches. Quatsch. Wenn der mittelalte Mann daran zerrt und vom zweiten in den dritten Gang schaltet, denkt er nicht an Sex, sondern höchstens an den saucoolen John Wayne, wie er in *Geier kennen kein Erbarmen* den Revolver zieht.

Und er spürt auch ohne Parkpiepser instinktiv, was sich hinter ihm abspielt. Das sind die noch vorhandenen archaischen Höhlenmensch-Instinkte aus einer fernen Zeit, als der Mann im Frühherbst seines Lebens noch jung war, und in der man nicht versäumen durfte, wenn von hinten der Bär angreift.

DIE SUCHEINGABEN DES MITTELALTEN MANNES BEI GOOGLE

Google Mannschaftsaufstellung 1974

Google Werkstatt billig

Google Renten Informationen

Google Oettinger Sonderangebote

Google Frührente Hinzuverdienst

Google Implantate billig

Google Prostata

Google Rente Krankenkassenabgabe

Google Haartransplantation Thailand

Google ADAC

Google Sonderangebote Discounter

Google Tankstellen billig

Google Zahnarzt Polen

ALLES ÜBER NASENHAARE, OHRENHAARE, AUGENBRAUEN, NÄCHTLICHEN HARNDRANG UND SCHNARCHEN

Sie sind meistens so klein, dass sie an einem Ende in die vier kleineren Hohlräume des Kopfes eingeführt werden können. Zum Rasieren und/oder Schneiden haben sie einen Schersatz, der batteriegetrieben ist, und eine Kappe schützt Haut und Schleimhäute vor den Klingen.

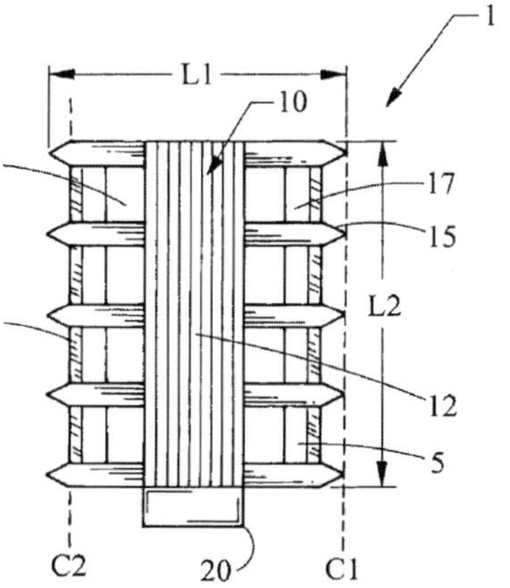

Es Haar einmal ...

Ein kluger Mann hat unlängst gesagt: »Wenn der Mann mittleren Alters morgens nach dem Aufstehen in den Spiegel guckt, möchte er Schneewittchen sehen. Doch er erblickt den bösen Wolf.« Und der Wolf ist kahl.

Okay, ganz so klug war der Mann dann wohl doch nicht. Es handelt sich um den Berliner Modeschöpfer Glööckler, die schlauchbootlippige Billigmoden-Villa-Kunterbunt auf zwei Beinen. Angetuckerte Augenbrauen inklusive. Aber wir wollen keine Haarspalterei betreiben, recht hat er nämlich trotzdem.

Der beständige Kampf gegen das zunehmend abtrünnige Haar gehört zu den Traumata vieler Halbzeitmänner. Mancher kann die letzten verbliebenen Haare im vorderen Kopfbereich schon mit Namen benennen. Da sind die aufrechte Annabelle, die grau melierte Gerda, die krause Katarina, die gespaltene Gundula, die extralange Ellen und die widerspenstige Wally. Außerdem die kurze Kiki, die dicke Doris, die dünne Denise und die fettige Franziska. Nicht zu vergessen die trockene Theresa, die melierte Maren, die abgebrochene Angie und die verlorene Viola.

Und wenn dann eines Morgens die einst so athletische Alena als ausgefallene Alena nach langem Überlebenskampf mausetot im Kamm hängt, ist die Bestürzung und die Trauer groß. Viel zu früh ist sie von uns gegangen. Motto: Bis der Haarwurzeltod uns scheidet! Dem hinterbliebenen Mann bleibt im Frühherbst seines Lebens nichts anderes übrig, als wie gewohnt ein kleines Bändchen mit dem Namensschild »Alena« an Alena zu befestigen, und sie zu den

anderen Testosteron-Opfern in den heiligen Schrein der Kahlheit zu legen – zur entfleuchten Elfriede und zur entfallenen Elaine.

Es ist ein Jammer, wenn sich der Halbzeitmann zusehends in Kahle Rummenigge verwandelt. Dabei besteht nicht einmal ein grundsätzliches Problem mit dem Haarwuchs, denn an anderen Körperstellen sprießt das Haar fröhlicher denn je – was die Sache aber auch nicht angenehmer macht. Dazu gleich mehr.

Trotzdem steht der Silver-Ager jeden Morgen nach dem Aufstehen vor dem Spiegel, grüßt seine letzten haarigen Getreuen und erkundigt sich bei der Spiegel-Fee: »Spieglein, Spieglein an der Wand, bin ich der Kahlste im ganzen Land?« Und jeden Morgen antwortet der magische Spiegel: »Ihr seid der Kahlste hier. Nur Karl der Kahle, über den Bergen bei den sieben kahlen Zwergen, der ist noch tausendmal kahler als

Ihr.« Doch auch das vermag den verglatzenden Mann mittleren Alters nicht zu trösten.

Nein, Haarausfall ist kein Märchen. Wobei man einschränken muss: Schon die Gebrüder Grimm litten ganz offenbar unter Haarausfall und verarbeiteten dieses Thema in zahllosen Kinder- und Hausmärchen. Hätten sie sonst jedes ihrer Märchen mit dem melancholischen Satz »Es Haar einmal« begonnen? Und hätten sie sonst so viele Märchen mit Anspielungen auf sich lichtendes Haupthaar gesammelt?

– Das tapfere Haarschneiderlein. Warum Ihnen Ihr Friseur die Wahrheit ganz schonend beibringen sollte
– Märchen von einem, der ein Haar aus dem Kamm rauszog, um das Fürchten zu lernen
– Rapunzel. Das Haarmärchen schlechthin, so viel Haar hätten die Glatzen-Brüder Grimm auch gern gehabt
– Vom Friseur und seiner Frau. In späteren Versionen oft versehentlich zum »Fischer und seiner Frau« umgedichtet
– Notkäppchen. Manchmal helfen nur Mütze oder Hut, siehe Udo Lindenberg.
– Der Teufel mit den drei goldenen Haaren. Gruseliger Restbehaarungs-Schocker
– Der süße Brei. Eines der ältesten Haarwuchsmittel der Welt, hilft aber in Wahrheit auch nix
– Vornböschen. Über den morgendlichen Ärger mit der vorderen Kopfpartie
– Männer färben nicht, Männer tunen. – Hoppala, ist ja gar nicht von den Gebrüdern Grimm, sondern von Alpecin. Aber nichtsdestoweniger in Sachen Wirksamkeit auch nur ein Märchen.

In früheren Zeiten hatte man wenigstens das Glück, problemlos eine wallende Lockenperücke aufsetzen zu können, ohne sozial Anstoß zu erregen. Uns ist das heute auch bei zunehmenden Haarausfallerscheinungen nicht mehr möglich, ohne einen komischen Eindruck zu hinterlassen.

Was bleibt dem haaramputierten Mann schlussendlich übrig? Die wahrheitsgemäße Antwort lautet: wenig, sofern er sich nicht vollends lächerlich machen will. Das Haarimplantat als der Silikonbusen des über 47-Jährigen wirkt ebenso albern wie eine verwegene Frisur aus dem Salon Hair Majesty, die das hinten zahlreich verbliebene Resthaar in kühnem Schwung nach vorn drapiert. Machen Sie sich bloß nicht zum Haarlekin!

Wir empfehlen: Haaren Sie in aller Ruhe der Dinge! Es besteht kein Grund zum Haarakiri! Ein schönes Gesicht braucht Platz! Und denken Sie an zahlreiche Frauen in Ihrem Alter, die ganz andere Probleme haben. Lieber keine Haare auf dem Kopf, als welche auf den Zähnen!

Überhaupt: Haarausfall macht gelassen! Wer keine Haare mehr hat, kann sie sich auch nicht raufen!

Dein Freund, der Nasenhaartrimmer

Hin und wieder ziehen gedankenlose Menschen Männer im besten Alter damit auf, dass sie eine Glatze oder »einen breiten Scheitel« bekommen. Tatsächlich produzieren Halbzeitmänner mehr kopfhaarwuchsbremsendes Testosteron als jüngere Männer – kurz gesagt: die Mittelalten sind männlicher. Und was den Haarwuchs generell angeht, ist nicht aus-

gemacht, ob der etwas Ältere wirklich so schlecht abschneidet. Denn was ihm an Behaarung *auf dem* Kopf fehlt, sprießt nun anderenorts *aus ihm heraus.*

Die Nasen- und Ohrenhaare mittelalter Männer befinden sich von jeher auf Abwegen. Den meisten Männern wachsen früher oder später Büsche aus Nasenlöchern und Ohren, aber dass es manche schon in jungen Jahren erwischt, ist kein rechter Trost.

Viele finden Nasen- und Ohrenhaare zu Recht sehr männlich und kämen nicht im Traum auf den Gedanken, sie zu entfernen. Schließlich erfüllen sie die zutiefst vernünftige Aufgabe, Fremdkörper aus dem Körper fernzuhalten. Übertreiben sie dabei allerdings, sollte man erwägen, sie zu stutzen.

Zum Glück sind für eben diesen Zweck eine Reihe hervorragender Geräte auf dem Markt. Anerkannte Hersteller bieten eine breite Auswahl an. Und da Nasenlöcher und Gehörgänge anatomisch gesehen erstaunlich ähnlich sind, handelt es sich in aller Regel um kombinierte Nasen- und Ohrenhaar-Schneider.

Bitte nicht vergessen, dass Nase und Ohren empfindliche Körperregionen sind. Deswegen darf ein Schneidegerät nicht zu tief eingeführt werden.

In diesem Zusammenhang sei darauf hingewiesen, dass der Elektronikgigant Philips in der Bedienungsanleitung seines »Nasen-, Ohrhaar- und Augenbrauentrimmer NT9110« warnt, das Gerät sei »für Benutzer (einschl. Kinder) mit eingeschränkten physischen, sensorischen oder psychischen Fähigkeiten bzw. ohne jegliche Erfahrung oder Vorwissen nur dann geeignet, wenn eine angemessene Aufsicht oder ausführliche Anleitung zur Benutzung des Geräts durch eine verantwortliche Person sichergestellt ist«.

Das Stutzen ist auch nicht empfehlenswert, wenn man gerade unter einer schweren Erkältung leidet. Das Gerät klingt dann nämlich wie ein Außenbordmotor, der sich mühsam durch eine Algensuppe gräbt, um schließlich ganz den Geist aufzugeben.

Solange man sich aber genau an die Bedienungsanleitung hält, sind weder Verletzungen noch Unannehmlichkeiten zu befürchten, und zwar auch dann nicht, wenn man zusätzlich noch das »Stylingwerkzeug« zum Stutzen von Augenbrauen und Nackenhaare benutzt, das bei den Geräten oft mitgeliefert wird.

Damit sind wir viel besser dran als die nasen- und ohrenhaargeplagten Halbzeitmänner früherer Zeiten. Sie waren noch auf vorhandene Gerätschaften wie Schaf- oder Heckenscheren angewiesen, manche griffen auch zu Pinzetten. Die werden schon seit grauer Vorzeit zum Entfernen von Haaren benutzt, allerdings ist das Auszupfen von Nasenhaaren außerordentlich schmerzhaft.

Dieses Problem musste dringend gelöst werden, am besten technisch. Angeblich wurde der Nasenhaarschneider 1859 von dem Botaniker und Freizeitfriseur Dr. Jefferson Entwistle aus Kennebunkport im amerikanischen Bundesstaat Maine erfunden. Gerüchten zufolge war dieses erste Schneidegerät turbinenbetrieben: Ein Helfer betätigte mit Pedalen einen Blasebalg, der erzeugte einen Luftstrom, der seinerseits ein Aggregat antrieb. Der Wahrheitsgehalt dieser Geschichte ist jedoch äußerst fraglich.

Zweifelsfrei belegt hingegen ist, dass allein in den USA 17 verschiedene Nasenhaartrimmer patentiert wurden. Die meisten sind so klein, dass sie an einem Ende in die vier kleineren Hohlräume des Kopfes eingeführt werden können.

Zum Rasieren und/oder Schneiden haben sie einen Schersatz, der batteriegetrieben ist, und eine Kappe schützt Haut und Schleimhäute vor den Klingen.

Einige Trimmer haben einen Scherkopf mit wenigen Klingen, der einem Zeckenmaul ähnelt. Andere hingegen basieren auf dem gleichen Prinzip wie ein Elektrorasierer. Dabei dringen die Haare durch ein »Raster« oder eine »Folie«, die Schleimhäute und Haut schützt, zugleich aber grob genug ist, dass die Haare hindurchpassen und von den Klingen erfasst werden können.

Ein eher untypischer Trimmer ist Celestino George D'Amatos Nasenhaarschneider, U.S. Patent 2 525 450. Er wird an den Nasenflügel angelegt, dann kontrolliert ein schraubenregulierter Bügel – nach dem Prinzip einer Degenglocke –, wie tief eine relativ normale Schere in die Nasenlöcher eindringen kann. Celestino George D'Amato hebt in seiner Beschreibung extra hervor, dass es sich bei seiner Erfindung ausschließlich um einen Nasenhaarschneider handelt. Für die Ohren sei das alles nicht zu empfehlen.

Vorsichtig eingesetzt kann er vermutlich auch bei buschigen Augenbrauen Anwendung finden. Der Abstandshalter wird beim Augenbrauenstutzen nicht zum Hindernis, hat aber auch keinen praktischen Nutzen.

Ist also auf dem Gebiet des Nasenhaartrimmers alles erfunden, was erfunden werden kann?

Mitnichten.

Offensichtlich forschen große Industriekonzerne auf diesem Gebiet recht eifrig. Das japanische Unternehmen Matsushita Electric Industrial Co. Ltd., bekannt unter dem

Oct. 10, 1950 C. G. D'AMATO 2,525,450

NOSE HAIR CLIPPER

Filed Aug. 30, 1948

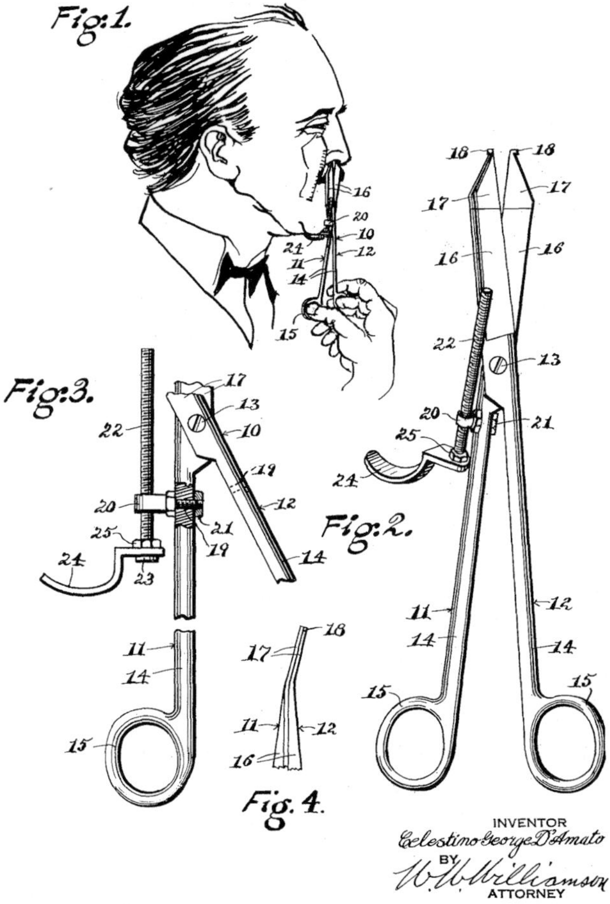

Markennamen Panasonic, tut sich bei den Nasenhaartrimmerpatenten besonders hervor, aber auch die holländische Koninklijke Philips Electronics N.V. (Philips) hat in den letzten Jahren neue Modelle zum Patent angemeldet. Unter den erfolgreichen Antragstellern ist auch die amerikanische PHR Systems Ltd. aus Westcliffe in Colorado, die noch 2004 wagemutig ein Patent für ein manuelles Modell einbrachte.

Der Groom Mate Platinum XL dieser Firma ist schon jetzt ein erstaunlich beliebter Trimmer, vor allem auf dem heimischen Markt, wo nicht wenige Anwender die manuelle Haarentfernung bevorzugen: Die eine Hand fixiert den Trimmer im Nasenloch, während die andere den unteren Teil des Apparates dreht. Dadurch rotieren die Klingen im Scherkopf um die Längsachse des Gerätes und entfernen so unerwünschte Haare.

Es wird auch daran gearbeitet, Nasen- und Ohrhaartrimmer in gängige Rasierapparate und Rasierer zu integrieren, beispielsweise als ausklappbares Trimmermodul am unteren Ende des Rasierergriffs.

Um nicht zu viel zu trimmen, sollten Sie daran denken, dass die Haare von der Natur als Barriere für Fremdkörper gedacht sind. Im Interesse der Wahrheit sollte nicht verschwiegen werden, dass es Erfinder wie Gengsheng Sun aus dem kalifornischen Rowland Heights gibt, die künstliche Nasenhaare zum Patent angemeldet haben – deren Sinn ist genau das: Sie sollen das Immunsystem unterstützen.

Dazu können dann ja jüngere Männer greifen, solange sie darauf warten, dass in der Nase was passiert …

OBH Nordica – Privateigentum von Gorm dem Mittelalten

Eine Auswahl von Nasenhaartrimmern

Remington NE3209C
Remington
Braun EN10

Groom Mate Platinum XL (manuell)
Wahl 5545–506
Panasonic ER415KC
Panasonic ER421KC

Panasonic ER430K
Philips NT9110
Tevion (gibt es hin und wieder bei Aldi)
Babyliss E600XE

OBH Nordica 5508*
OBH Nordica 5509*

* Auf dem deutschen Markt schwer erhältlich, selbst in Haar bei München.

»Soll ich die Augenbrauen gleich mitmachen?«

Es klingt ganz unschuldig: »Soll ich die Augenbrauen gleich mitmachen?«, fragt der Friseur.

Wird man das zum ersten Mal gefragt, ist man verwirrt.

Was meint er? Macht er einen Witz? Hat er Brillantine getrunken? Bin ich etwa Theo Waigel oder Siggi Held, der ehemalige Fußballspieler, bei dem nicht das Gesicht von Augenbrauen verziert wird, sondern die Augen vom Gesicht?

Was er wirklich sagt, ist: Sie sind älter geworden. Ihre Augenbrauen haben also angefangen, ein Eigenleben zu führen. Sie werden sie den Rest Ihres Lebens stutzen müssen! Kaufen Sie sich also sofort den neuen Waigel Eyebrow-Ex 1728TW, bevor es zu spät ist und Ihre Augenbrauen auf der Unterlippe aufschlagen!

Diese Frage schmerzt beim ersten, beim zweiten, beim dritten und bei jedem weiteren Mal. Aber man sieht den Friseur im Spiegel an und hört sich antworten:

»Ja, bitte.«

Das Augenbrauenquiz

Raten Sie, wem sie gehören!

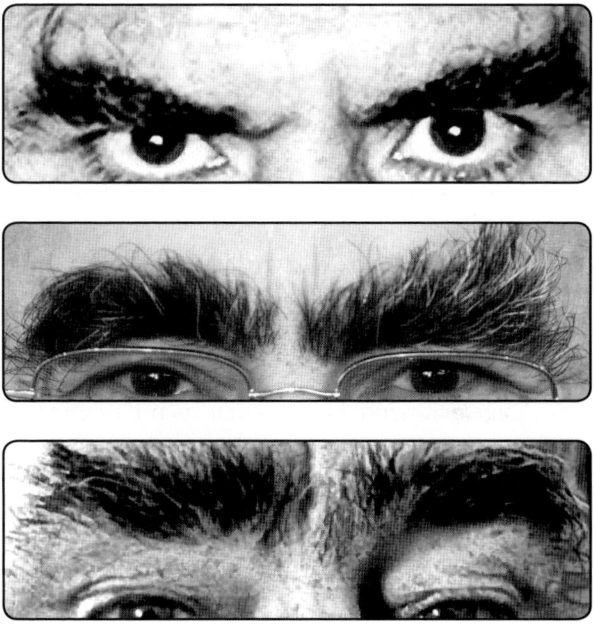

Die Behaarungen gehören: 1) Dem Kurdenführer Abdullah Öcalan, 2) Dem ehemaligen Bundesminister und CSU-Vorsitzenden Theo Waigel, 3) Dem sowjetischen Staatsoberhaupt Leonid Breschnew, 4) Dem französischen Präsident Georges Pompidou, 5) Dem Komiker Groucho Marx, 6) Dem Schriftsteller Max Frisch, 7) Dem Künstler Salvador Dalí

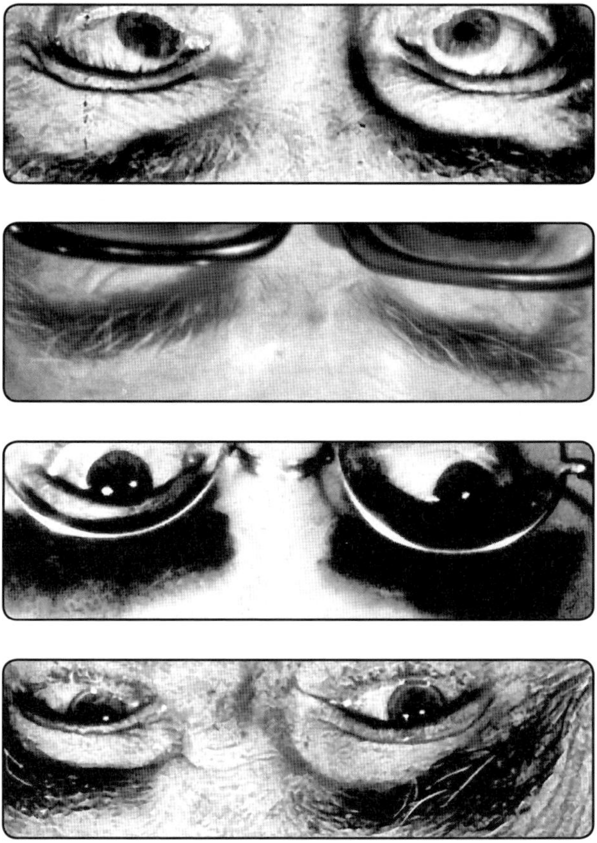

Bauen Sie eine Nachtorientierungsanlage

Nacht für Nacht tapsen Hunderttausende Halbzeitmänner in schwarzer Nacht ultravorsichtig durch deutsche Heime, um von ihrem Bett zur Toilette zu kommen, ohne dabei gegen Möbel zu stoßen oder der Katze auf den Schwanz zu treten. Das ist eine gefahrvolle Unternehmung. Sie führt oft dazu, dass der Mann im besten Alter gegen ein Möbelstück läuft, sich den Schmerzensschrei verbeißt und so lautlos wie möglich in sich hineinflucht. Oft genug wacht seine Frau trotzdem auf. Tritt er auf dem Weg der Katze auf den Schwanz, wacht seine Frau sogar bestimmt auf und äußert ihr Mitgefühl. Mit der Katze.

Dabei kann der nächtliche Weg zur Toilette völlig gefahrlos verlaufen – man muss dafür nur eine Nachtorientierungsanlage installieren. Wer will, kann vom Bett bis zur Toilettentür eine Rille in den Fußboden fräsen und eine Lichterkette verlegen – wie bei den Lichtleisten, die im Flugzeug den Weg zu den Notausgängen zeigen. Diese Lösung ist aber zum einen teuer, zum anderen kann man danach sein Bett nicht mehr einfach woanders hinstellen, wenn man dazu einmal Lust bekommt.

Glücklicherweise gibt es eine einfach umzusetzende, ebenso billige wie praktische Lösung, die mit gedämpftem Licht dafür sorgt, dass Frau und Katze ungestört schlafen und man selbst sicher durch die Nacht kommt:

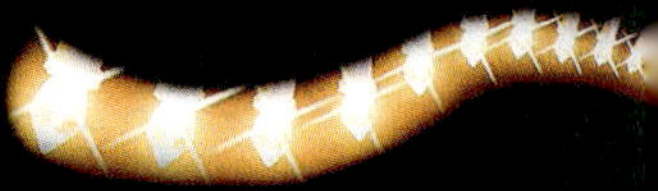

Material:
6–8 m Lichterkette, eine Verlängerungsschnur, ein Lichtschalter mit Fußbedienung, Kabelclips oder Klebeband, ein Stück doppelseitiges Klebeband

* Messen Sie den Abstand zwischen der Steckdose im Schlafzimmer und dem Punkt, wo Ihr Fuß normalerweise vom Bett auf den Boden schwingt.
* Messen Sie diese Länge – ab der Steckdose – an der Verlängerungsschnur ab, und schneiden Sie die Schnur genau an dieser Stelle durch.
* Montieren Sie den Lichtschalter zwischen die beiden Teile der Verlängerungsschnur.
* Befestigen Sie die Lichterkette mit Kabelclips oder Klebeband an der Seite und am Fußende des Bettes (Lichterketten gibt es mit Dioden oder Glühbirnchen. Dioden sind besser, sie halten länger und brauchen weniger Strom).
* Befestigen Sie den Lichtschalter mit dem doppelseitigen Klebeband dort, wo Ihr Fuß auf dem Boden aufsetzt.
* Verbinden Sie die Lichterkette mit der Verlängerungsschnur, stecken Sie den Stecker in die Steckdose, und machen Sie die Lichter an.
* Fertig! In Zukunft wird das diskrete Navigationslicht Sie sicher zu Toilette und in Ihr schönes, warmes Bett zurückführen, ohne dass Sie jemanden wecken.

Guten Weg!
Noch einfacher übrigens: Es gibt Hausschuhe mit eingebautem Licht. Sobald man reinschlüpft, geht das Licht an. Perfekte Lösung!

Der Sägewerkbesitzer

Auch wenn es mitunter vorkommt, dass Frauen und Kinder heftig sägen, ist das Schnarchen vor allem das Privileg des Halbzeitmannes – wie es das Vorrecht seiner besseren Hälfte ist, ihm nachts die Nase zuzuhalten, ihn anzuschubsen und zu treten, um etwas Nachtruhe zu bekommen.

Schnarchgeräusche reichen von schwachem Grunzen bis zu gewaltigem Poltern. Sie können das ganze Schlafzimmer erbeben lassen, in Extremfällen führen sie sogar dazu, dass sich der Schnarchende selbst weckt.

Der Ehefrau bleibt nur der Trost, dass es nachts immer dann eine kurze Ruhepause gibt, wenn ihr mittelalter Mann zum Pinkeln rausmuss.

Die schlimmste Ehebett-Kombination ist ein Mann, der Nacht für Nacht durchschnarcht, und eine Frau mit leichtem Schlaf. Diese Konstellation endet in aller Regel mit getrennten Schlafzimmern, allerdings erst, nachdem das Paar zahlreiche Methoden ausprobiert hat, den Schlaf der Ehefrau zu sichern.

Meist beginnt es mit Ohrstöpseln. Wenn die die Geräusche nicht ausreichend abschirmen, ist der nächste Schritt der Versuch, das Schnarchen zu beenden. Dafür bettet der Mann im mittleren Alter den Kopf zum Beispiel auf ein ergonomisches Spezialkissen, oder er trägt eine Pyjamajacke,

in deren Rücken, zwischen den Schulterblättern, ein Tennisball eingenäht wurde. Das soll ihn davon abhalten, sich auf den Rücken zu legen, denn das ist die geräuschintensivste Stellung.

Wenn das alles nichts fruchtet, darf man die Hoffnung nicht aufgeben, denn es existiert eine regelrechte Anti-Schnarchindustrie, die zahlreiche Produkte bereithält:

- Nasenpflaster, die die Nase weiten und so die Nasenatmung erleichtern sollen
- Schnarchsprays mit Öl, die den Gaumen geschmeidiger machen
- Eine Zahnschiene, die Zunge und Gaumensegel vorn hält, was das Schnarchgeräusch dämpfen soll. Die Schiene hat allerdings den Nachteil, dass sie die Zähne beschädigen kann. Und die werden dann im schlimmsten Fall noch lockerer, als sie es eh schon sind.

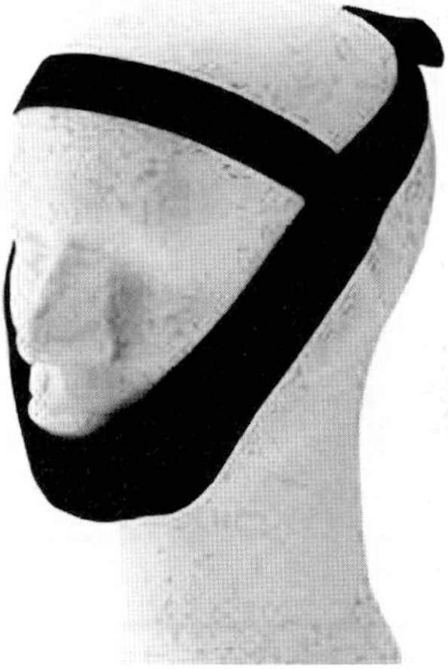

- eine Schnarchbinde, die das Kinn fixiert
- Ein umgekehrter Staubsauger, der über eine Maske, die Mund und Nase bedeckt, Luft einpustet. Diese Methode

hat den Nachteil, dass das Schlafzimmer etwas von einem Operationssaal bekommt. Außerdem kann die Maschine die Nase austrocknen und den Gaumen reizen.

Falls all das auch nichts hilft, bleiben zwei letzte Möglichkeiten:

- Man kann seine Frau bitten, mit einem geräuschisolierten Motorradhelm zu schlafen.
- Sie kann sich einen anderen Ort zum Schlafen suchen.

Warum wir schnarchen

Schnarchgeräusche entstehen, wenn beim Einatmen das Gaumensegel ins Schwingen gerät, und das geschieht, wenn sich die Atemwege verengen oder verschließen. Am häufigsten wird in der Mitte oder gegen Ende der Nacht geschnarcht, weil man dann besonders tief schläft und alle Muskeln entspannt sind. Das kann dazu führen, dass die Zunge zurückfällt. Sie versperrt die Atemwege – und schon geht's los.

Experten zufolge sind Übergewichtige besonders üble Schnarcher, auch die Einnahme von Schlafmitteln und Alkoholgenuss einige Stunden vor dem Zubettgehen begünstigen das Schnarchen. Das erklärt natürlich, warum Männer im besten Alter, die nach einem Mittagessen mit Bier und Schnaps ein Nickerchen halten, oft sehr bemerkenswerte Geräuschpegel erreichen.

DIE VIER MITTELALTEN MÄNNERTYPEN

Der Jungsmarte

Der Jungsmarte will auf keinen Fall akzeptieren, dass er die Vierzig/Fünfzig/Sechzig überschritten hat. Er hasst ausnahmslos alles, was ihn an sein wahres Alter erinnert. Daher hat er auch seine bisherige Ehefrau gegen ein erheblich jüngeres Modell ausgetauscht, mit deren Jugendlichkeit er nun verzweifelt Schritt zu halten versucht. Dazu gehört, dass er sich wie ein Zwanzig- oder Dreißigjähriger kleidet, mit Converse-All-Star-Turnschuhen, abgewetzten Jeans einer exklusiven Marke (allerdings ohne Hängehintern, das geht dann doch zu weit) und einem locker sitzenden T-Shirt, auf dem so etwas wie »Superman«, »Batman«, »Bad Motherfucker« oder »Porn Star« steht. Darüber trägt er bevorzugt eine Pilotenjacke. Besonders verheerend wirkt sich in diesem Zusammenhang die Ed-Hardy-Totenkopfmode des französischen Designverbrechers Christian Audigier aus.

Der Jungsmarte hat einen enormen Verbrauch an Cremes, teuren Deodorants und Aftershave, er ist Stammgast in Solarien, Fitness-Centern und beim angesagtesten Friseur der Stadt. Der färbt ihm die Haare (so er noch welche hat) und verpasst ihm eine Frisur, für die er Unmengen Haargel braucht.

Wenn er keine Haare mehr hat, rasiert er sich den Schädel glatt und legt sich einen Drei-Tage-Bart zu, den er penibel pflegt und, falls nötig, färbt. Die Zähne lässt er regelmäßig bleichen, und sollte er sich noch nicht dem Skalpell eines Schönheitschirurgen anvertraut haben, tut er es sicher bald, denn die Augenlider könnten schon ein kleines Lifting brauchen.

Die Bibel des Jungsmarten ist *Men's Health*. Um ja keinen Trend zu verpassen, liest er das Heft noch am Erscheinungstag Zeile für Zeile durch. Er hat immer die neusten elektronischen Gadgets und achtet penibel darauf, dass seine exklusive Armbanduhr – am besten natürlich eine Rolex – stets gut sichtbar ist.

Der Jungsmarte hat es nicht leicht, denn seine junge Ehefrau stellt viele Ansprüche, und das nicht nur im Bett (er ist Premium-Kunde von Viagra). Beispielsweise liiiebt sie Sushi, darum traut er sich nicht zuzugeben, dass er Sushi hasst und am allerliebsten eine Frikadelle oder eine Currywurst hätte. Sie will *Germany's Next Topmodel*, *Desperate Housewives*, *Sex in the City* und Liebesfilme mit Julia Roberts sehen, während er sich lieber in einem der Dritten oder auf Phoenix *Berühmte Flugkatastrophen* oder *Der Zweite Weltkrieg in Farbe* anschauen würde. Vielleicht auch auf VOX die Lothar-Matthäus-Soap mit den hübschesten Zwanzigjährigen Osteuropas. Das wagt er ebenfalls nicht zuzugeben, denn seine junge Ehefrau hat solche Sendungen schon als »Altmännerfernsehen« verspottet.

»Altmännerkram« ist überhaupt bei ausnahmslos allem, was der Jungsmarte tut oder sich anschafft, der aller-, allerschlimmste Kommentar. Ebenso vernichtend ist die Frage »Wie alt bist du denn eigentlich?«, sie wird stets mit peinlich berührtem Schweigen quittiert.

Irgendwann hat der Jungsmarte einen Mini gekauft, weil *Men's Health* ihn als *trendy* bezeichnet hatte. Aber dann las er irgendwo anders, dass der Mini das Nostalgieauto jener sei, die in den Sechzigerjahren jung waren, als der erste Mini auf den Markt kam. Daraufhin wurde der Mini verkauft und durch einen Peugeot 207 Cabriolet ersetzt, auf den die junge Ehefrau totaaaal wild war.

Nach außen hin ist der Jungsmarte superglücklich. Besonders gern verhöhnt er diejenigen Gleichaltrigen, die sich seiner Meinung nach wie Tattergreise aufführen. Wenn er aber hört, was für ein vergleichsweise entspanntes Leben die mit Ehefrauen führen, die die meisten Interessen und Bedürfnisse mit ihnen teilen, spürt er mitunter doch so etwas wie Neid.

Der Angekommene

Im Gegensatz zum Jungsmarten hat er nicht die geringste Absicht, gegen das Alter anzukämpfen. Im Gegenteil: Er freut sich schon seit seinem dreißigsten Geburtstag darauf.

Seit Jahrzehnten wusste er auf den Cent genau, wie hoch eines Tages seine Rente sein würde, er schaute immer schon gern bei den Seniorentreffen seiner Gemeinde vorbei und freute sich wie ein Kind, als er endlich alt genug war, um bei der Bahn und im Öffentlichen Nahverkehr Seniorenrabatt zu bekommen – obwohl er sie praktisch nie benutzt.

Denn am liebsten bleibt er zu Hause und guckt fern, auch wenn das Programm mit den Jahren immer schlechter geworden ist, ausgenommen vielleicht arte, 3sat und die Dritten. Die bringen zum Glück hin und wieder gute deutsche Filme aus der Zeit, als die Schauspieler noch deutlich sprachen und nicht, wie heute, nuscheln.

Ferngesehen wird mit Kaffee und Keksen in dem Fernsehsessel, den er zu seinem sechzigsten Geburtstag bekommen hat, nachdem er schon mehrere Jahre auf dem Wunschzettel gestanden war. Zusammen mit seinen Kamelhaarpantoffeln (beleuchtet!) und der Fernbedienung ist dieser Sessel sein liebster Besitz. Seine Zuneigung äußert sich darin, dass er jedes Mal *Oijaja* sagt, wenn er sich setzt.

Kaffee und Kekse werden ihm von seiner Frau serviert, die er schon seit der Geburt ihres ersten Kindes »Mutti« nennt.

Der Angekommene ist in jeder Hinsicht das exakte Gegenteil des Jungsmarten. Er redet sehr gern über sein Alter, über Krankheiten und Tod. Er hat immer eine Geschichte über einen Freund, Bekannten oder Kollegen parat, der gerade einen dreifachen Bypass oder einen Schrittmacher bekommen hat oder nach einer langen Krebserkrankung gestorben ist. Und obwohl er jede Krankheitsgeschichte mit dem Seufzer »Ja, ja, man muss froh sein, dass man gesund ist« beendet, ist er insgeheim doch ein klein wenig enttäuscht, dass er selbst noch keine Hüft- oder Knieoperation gehabt hat.

Er war kaum fünfzig, als er anfing, beigefarbene Kleidung mit beigefarbenen Schuhen zu tragen. Für Junggebliebene, die er in Jeans auf der Straße sieht, hat er nichts als Verachtung übrig. So etwas findet er »ganz und gar nicht altersgemäß«.

Der Angekommene geht so wenig wie möglich aus dem Haus und bezieht seine Informationen über das Wetter fast ausschließlich von seiner Wetterstation mit Thermometer und Barometer. Die überprüft er mehrmals täglich, und damit er dafür nicht aufstehen muss, hängt sie im Wohnzimmer direkt neben seinem Fernsehsessel. Regelmäßig hält er seiner

Frau und anderen, die es nicht wissen wollen, lange Vorträge über Blutdruck, Tiefdruck, Hochdruck, Luftfeuchtigkeit und Temperaturen. Dazu verfolgt er auch alle Wettervorhersagen im Fernsehen.

Ein paarmal im Jahr kann ihn seine Frau doch überreden, einen Spaziergang zu machen und im nahe gelegenen Park die Enten zu füttern. Diese Ausflüge enden immer damit, dass er sich über die vielen Jogger aufregt. Sowieso hegt er eine tiefe Verachtung für dieses ganze »Rumgejogge« und ist immer noch sauer, wenn er daran denkt, dass seine Kollegen ihm zum dreißigjährigen Firmenjubiläum doch tatsächlich Nordic-Walking-Stöcke geschenkt haben. Als ob er auch nur im Traum daran dächte, Nordic Walking zu machen.

Albernes Rumgejogge.

Der Pfennigfuchser

Während sein Einkommen im Laufe seines Berufslebens stetig gestiegen ist, bis er schließlich richtig gut verdiente, hat er mit jedem Jahr mehr darauf geachtet, Geld zu sparen. Das ist nun sein einziges wirkliches Interesse. Der Pfennigfuchser im besten Alter studiert regelmäßig die Websites aller Supermarktketten und Discounter, denn dort stehen die neuen Sonderangebote schon einen Tag, bevor sie per Werbeblättchen im Briefkasten landen. Er verfolgt aufmerksam alle Preisvergleich-Seiten, vor allem www.benzinpreis.de und www.clever-tanken.de, und er weiß genau, wie viel er spart, wenn er den fast dreiviertel vollen Tank mit Normalbenzin zu 1,529 Euro auffüllt statt zu 1,569 Euro, wie beim letzten Tanken. Einmal hat ihm seine feste Tankstelle fast Hausverbot erteilt, weil er sich eine Dreiviertelstunde lang darüber beschwerte, dass der Benzinpreis auf dem Schild just in dem Moment um einen Cent gestiegen war, als er an die Tanksäule fuhr.

Zu Hochform läuft er auf, wenn ein Supermarkt Bier im

Sonderangebot hat und dazuschreibt »Höchstabgabe zwei Kisten pro Kunde«. Er trägt zwei Kisten ins Auto, setzt die Sonnenbrille auf und geht zurück, um zwei weitere zu holen. Damit geht er zum Auto, setzt die Sonnenbrille ab, zieht einen Schlapphut auf und holt noch mal zwei Kisten. Er hat ernsthaft überlegt, ob er für solche Gelegenheiten mehrere komplette Verkleidungen im Kofferraum parat haben sollte, zögert aber, weil er dann ja weniger Platz für das Sonderangebot-Bier hätte. Einmal hat ihn die Kassiererin gefragt, ob er nicht gerade eben schon zwei Kisten Bier gekauft habe, da hat er sich als polnischer Tourist ausgegeben.

Seiner Frau hat er zur Silbernen Hochzeit einen selbst gemachten Gutschein für eine zweite Hochzeitsreise geschenkt. Er kann bis heute nicht begreifen, warum sie damals wütend wurde, als sie bemerkte, dass die Reise nur bis zum Tschechenmarkt hinter der bayerischen Grenze ging.

Inzwischen liebt er lange Spaziergänge, weil überall so viele leere Pfandflaschen und Dosen herumliegen.

Es bereitet ihm immer noch Albträume, dass er einmal aus Versehen seine Payback-Punkte einem Hilfsprojekt zur Rettung der Nashörner im südlichen Afrika gespendet hat.

In seinem Handy sind Freunde und Bekannte übrigens nicht alphabetisch nach Namen geordnet, sondern nach den Waren, die sie billig beschaffen können.

Bücher holt er sich in der Stadtbücherei, das Fernsehprogramm gibt es umsonst im Internet. Seine Frau und seine Kinder haben strenge Order, ihn dereinst in einen billigen Kiefernsarg zu legen und für den Grabstein keinesfalls mehr als 100 Euro hinzublättern.

Der Marathon-Mann

Als Junge hat er ein bisschen Fußball gespielt, danach sehr gelegentlich auch Federball. Davon abgesehen hat sich dieser Halbzeitmann zeit seines Lebens nicht für Sport interessiert – außer im Fernsehen, natürlich. Doch dann kam er in die Jahre, und plötzlich ging ihm auf, dass der Sinn des Lebens *Bewegung* ist. Seither ist er ständig aktiv. Wenn er morgens im Büro ankommt, trägt er immer das T-Shirt irgendeines Marathonlaufs und dazu eine eng sitzende Lauf- oder Fahrradhose. Wenn es Zeit zum Nachhausegehen ist, wechselt er wieder ins Sportzeug. Er kauft bei jedem Marathonlauf mehrere T-Shirts, damit er nicht eines schönen Morgens eins anziehen will und keins mehr hat. Er ist extrem gereizt, wenn er seinen Schrittzähler mal zu Hause vergessen hat, denn dann muss er seine Schritte den ganzen Tag selbst zählen. Er weiß außerdem alles über Sauerstoffaufnahme, den Cooper-Test und aerobe Kohlenhydratverbrennung; er kann stundenlang über Milchsäure, Muskelmasse, Zwischenzeiten und »gegen die Wand laufen« dozieren.

Er wird auch heute noch schamrot, wenn er daran denkt, dass er sich im letzten Sommer zu einem Hotdog und einem Bier verführen ließ. Zum Glück war es nur ein kleines Helles, er hat aber den Eindruck, dass er das immer noch merkt, und ist völlig überzeugt, dass ihn dieser Fehltritt bei dem Marathon, den er eine Woche danach lief, drei Sekunden gekostet hat. Nach der ersten morgendlichen Laufrunde um 5 Uhr 15 presst er eigenhändig Orangensaft, beim Essen hört er auf die Signale seines Körpers. Daher nimmt er nur solches Protein und Kohlehydrat zu sich, das der Körper leicht aufnehmen

COPENHAGEN
MARATHON09

kann, und Fett gibt es ausschließlich in Form von Avocados, Mandeln, Pinienkernen sowie Fisch mit hohem Omega-3-Gehalt.

Auf Betriebsversammlungen regt er an, bei Besprechungen künftig statt Keksen Obst auf die Tische zu stellen, außerdem sollte es in der Kantine viel mehr frisches Gemüse geben. Er selbst geht allerdings nie in die Kantine. Er bringt sein Essen in einem praktischen Behälter samt Digitalwaage von zu Hause mit, er isst nur genau aufeinander abgestimmte Mengen Kohlenhydrate und fettfrei gebratenes Fleisch.

Er hat auch die komplette Renovierung der sanitären Anlagen durchgesetzt, schließlich will er nicht verschwitzt arbeiten müssen, nachdem er zur Arbeit gejoggt, geradelt oder auf Känguru-Stelzen gehopst ist. Er ist immer sehr aktiv, wenn ein Firmen-Staffellauf organisiert wird – solange er die Teilnehmer aussuchen darf. Er weigert sich allerdings strikt, mit unerfahrenen Kollegen zu laufen, die nur aus Spaß mitmachen. Das sind totale Deppen, findet er. Sport und Spaß gehören auf keinen Fall zusammen.

Wenn Sport nicht wehtut, hat man sich einfach nicht genug angestrengt.

DER GREIS IST HEISS!

Wie das Leben den Halbzeitmann auch geformt hat, eines haben der Jungsmarte, der Angekommene und der Pfennigfuchser mit dem Marathon-Mann gemeinsam: Ihr Alter wird ihnen erst so richtig bewusst, wenn sie an Frauen denken. Und zwar an die Frauen, die sie erzogen haben. Bei der ersten Göttin im Leben des später vorfossilen Mannes handelt es sich in aller Regel um seine Mutter. Nur wenige Jahre später folgt seine Kindergärtnerin. Wenn es sich, wie früher nicht unüblich, bei der Kindergärtnerin um eine gestrenge Ordensschwester mit grauen Haaren unter grauem Häubchen handelt, geht es zwar nicht um eine Göttin, sondern nur um nachgeordnetes Bodenpersonal. Doch auch an die ganzkörpergraue Schwester denkt der Halbzeitmann bisweilen gern zurück, und stellt sich die Frage, die ihm in letzter Zeit immer öfter kommt: Wie alt mag sie wohl heute sein?

Dann beginnt er zu rechnen. Kindergarten-Eintritt, sagen wir, vor annähernd einem halben Jahrhundert, kurz nach Krieg und Währungsreform. Die Schwester war damals, sagen wir, Anfang fünfzig, soweit die stofflich großzügige Nonnentracht dies zu erkennen gestattete. Dann stünde sie heute, herrje, kurz vor ihrem Hundertsten, eine Art Johanna Heesters der katholischen Kinderbetreuung, kaum zu fassen. Die

Schwester ist hundert! Jesses Maria und Josef, das macht dem Frühherbst-Mann sein unaufhörliches eigenes Altern erst so richtig bewusst!

Zugegeben: Bei einer Ordensschwester fällt dies noch nicht so dramatisch ins Gewicht, war sie doch in der Rolle als erstes Sexsymbol im Leben des künftigen Halbzeitmannes von Beginn an deutlich fehlbesetzt. Das konnte er schon im zarten Alter von drei Jahren instinktiv spüren.

Doch dann, drei Jahre später, kam die Einschulung. Mein Gott, war die Klassenlehrerin schön. Halt, falsch, das muss heißen: MEIN GOTT, WAR SIE SCHÖN!!! Und wie gut sie roch. WIE GUT SIE ROCH!!! Der mittelalte Mann erinnert sich zwar nicht mehr konkret, wonach sie roch, aber sie muss fantastisch gerochen haben, nach Kernseife, Wencke Myhre, Dorthe Kollo, der jungen Gitte, Lavendel, Oleander, Jasmin, Vernell. Eine duftige Grundschulgöttin! Die Frau, für die Agnetha von ABBA vier Jahre später »When I Kissed The Teacher« sang! Wenn der mittlerweile spürbar gereifte Exgrundschüler an seine ehemalige Lehrkraft denkt, gilt heute noch: »Der Greis ist heiß!«

Sie lehrte ihn, mit wechselndem Erfolg, zu lesen, zu schreiben und zu rechnen, und verschwand nach zwei Jahren wieder aus seinem Leben, um einer anderen Pädagogin Platz zu machen, ebenfalls fesch, aber eben nicht dasselbe. Die Göttin ging, beinahe rückstandsfrei, die Frage aller Fragen blieb: Wie alt mag sie wohl heute sein? Damals vielleicht 32, heute also etwa 72, vielleicht auch älter. Jedenfalls nicht mehr allzu weit entfernt von der Achtzig. Und dann sind die Neunzig und die Hundert ja auch schon näher, als man denkt, das geht ratzfatz. Die Pädagogengöttin ist also bald hundert! Und die

Kindergarten-Schwester dann knapp 130! Wo soll das alles bloß enden mit der Alterslawine?

Jedes Mal, wenn der Halbzeitmann in der Stadt einem gramgebeugt buckligen Kräuterweiberl, womöglich mit Rollator und Kopftuch, begegnet, denkt er sich: Das wird doch nicht die Klassenlehrerin sein, die ehemalige Göttin!? Gift für seine psychische Stabilität.

Das Kräuterweiberl nach seinem Namen zu fragen traut er sich allerdings nicht, und auch die Google-Recherche bleibt bestürzend ergebnislos. »Keine Ergebnisse gefunden«, meldet die strunzblöde Suchmaschine. Die Suche nach dem Namen allein fördert nur minderjährige Facebook-Luder zutage, höchst sterblich statt göttlich. Wobei es allerdings erstaunlich ist, dass es in der heutigen Zeit tatsächlich noch junge Monikas gibt, und Claudias und Birgits und Dörtes und vielleicht sogar Sabines, und nicht nur Lisas, Julias, Jeanettes und Nadines. Doch das ist ein ganz anderes Thema, das wir im nächsten Kapitel behandeln wollen.

Jedenfalls ist es das unabwendbare Schicksal des mittelalten Mannes, dass alle seine Göttinnen mittlerweile zügig dem Rentnerinnendasein entgegenstreben oder dieses bereits erreicht haben, während er sich selbst bemerkenswert tapfer hält. Die anbetungswürdige ABBA-Blondine Agnetha Fältskog ist mittlerweile in ihren Sechzigern, genau wie die niedliche Lederjacken-Rockerin Suzi Quatro. »Blondie« Deborah Harry ist sogar noch fünf Jahre älter als die beiden. Manchmal hat der Halbzeitmann fast das Gefühl, dass er selbst altersmäßig stagniert, während der Rest der Welt an ihm vorbeischießt.

Kann es sein, dass die Jahrgangsschönste aus dem Gymnasium, deren faltenhalsiger Spätversion er neulich in einem Café ansichtig wurde, mittlerweile knapp zehn Jahre älter ist als er selbst – und das, obwohl sie in der Kollegstufe noch ein Jahr jünger war? Ist das zumindest theoretisch denkbar? Und warum hat sie ihn so komisch angeguckt? Kann es sein, dass sie denselben Gedanken hatte, nur umgekehrt?

DIE ENTSABINISIERUNG

Neben alternden Göttinnen ist auch die dramatische Entsabinisierung unserer Gesellschaft, Sabinensterben genannt, eines der deutlichsten Anzeichen für den Mann mittleren Alters, dass sich die goldenen Tage seiner Jugend jeden Tag weiter von ihm entfernen. Genau wie die Susannelosigkeit, die Anti-Brigitte-Stimmung, die Korneliakrise, die Entutung, das Bettinadieu, das Elkeelend, die Petrapein, der Manuelamangel, die Karinkümmernis oder die Marionmisere.

Denn als der Halbzeitmann noch mitteljung war, also etwa in der 10. Klasse Gymnasium, betörten ihn in seiner Jahrgangsstufe, ausweislich des sorgsam gehüteten Jahresberichts, folgende Grazien mit diesen herrlichen Sechzigerjahre-Namen:

– 13 Sabines
– 8 Susannes
– 8 Petras
– 7 Birgits (oder heißt es Birgitten?)
– 7 Gabrieles
– 5 Angelikas
– 5 Dorisse (Doretten?)
– 5 Monikas
– 5 Marinas (Marinen?)

– 4 Claudias
– 4 Annettes
– 3 Karins
– 3 Beates (Beaten?)
– 3 Brittas

Und darüber hinaus verschiedenste Andreas, Bettinas, Kornelias/Cornelias, Marions, Heikes, Utes, Angelas, Barbaras, Reginas, Manuelas, Ankes und vor allem Kirstens.

Und heute? Alle hinweggefegt von modernen Mias, Emmas, Hannahs, Leas, Leonies, Linas, Maries, Lenas, Amélies, Emilys, Neeles, Sarahs, Lisas, Lenis, Pias, Lauras und Lillys.

»Sabine gehörte um 1960 zu den Spitzenreitern unter den beliebtesten Vornamen. Seit 1990 werden fast keine Mädchen mehr Sabine genannt«, vermeldet das Vornamenlexikon im Internet mitleidlos. Die Wiedervereinigung hat neben Erich und Margot also auch Sabine hinweggerafft, und Kathleen hat die Macht übernommen. Das gilt im Übrigen auch für sämtliche anderen Namen aus dem Jahresbericht des mitteljungen Mannes.

Kaum zu fassen: Von den 35 häufigsten Mädchennamen des Geburtenjahrgangs 1960, angeführt von der ehemaligen Sabine, ist in den aktuellen Top 35 des Jahres 2011 nicht ein einziger übrig geblieben. Man würde sich wünschen, dass verwegene Eltern heute den kühnen Entschluss fassen: »Ja, unsere Tochter ist eine Sabine!« Stattdessen wird das arme Kind wieder nur eine Mia-Louisa Sophie.

Und so verabschiedet sich der Mittelalter-Mann mit viel Wehmut von den reizenden Mädchennamen, die einst sein Herz zum Kochen brachten.

Servus, Sabine!
Pfiat di, Petra!
Ciao, Claudia!
Bye Bye, Beate!

So schön wie mit euch wird es mit Kathleen nie sein.

OLDBOYS-FUSSBALL

Viele Halbzeitmänner treiben Sport. Sie laufen im Trainingsanzug durch den Wald, fahren Mountainbikes, spielen Golf, Federball, Tennis. Sie sind im Kajak unterwegs oder spielen mit anderen Männern im besten Alter Fußball.

Die Verfasser dieses Buches tun nichts dergleichen. Unser Sport beschränkt sich auf Heckenschneiden, Dachrinnensäubern, Grasmähen und Weinflaschenentkorken. Uns fehlt mit anderen Worten jede Voraussetzung, um über Sport zu schreiben.

Vor allem der Altherren-Fußball ist uns ein völliges Rätsel. Was bringt eine Gruppe nicht mehr ganz junger Männer dazu, sich bei Regen und Schnee im Matsch abzukämpfen und dabei Verlet-

zungen zu riskieren, die im schlimmsten Fall zu lebenslangen Behinderungen führen können?

Wir wissen es nicht. Wir verstehen es nicht.

Aus diesem Grund haben wir den Illustrator dieses Buches, den Zeichner Roald As, gebeten, einen Frontbericht über sein Leben als Altherren-Fußballer zu schreiben. Seine Mannschaft heißt eigentlich B-Citos-Veteraner. In Roalds engerem Freundeskreis ist die Elf allerdings nur als *AC Podagra* bekannt. Und zwar aus dem Grund, dass Spieler unter Podagra leiden. Das ist eine an sich ungefährliche, aber schmerzhafte Gichterkrankung, die bevorzugt die große Fußzehe älterer Männer befällt. Ungünstig, wenn man Fußball spielt.

Die Krankheit hat, soweit bekannt, zwei mögliche Ursachen: übermäßiger Konsum von Hülsenfrüchten oder übermäßiger Weinkonsum, und zwar über einen langen Zeitraum.

Hülsenfrüchte können wir bei den Spielern des AC Podagra mit Sicherheit ausschließen.

BEKENNTNISSE EINES ALTHERREN-FUSSBALLERS

Von Roald As

Die B-Citos-Veteraner hätten den Kampf gewinnen müssen, den sie gerade verloren haben. Daran gibt es keinen Zweifel.

Wenn der Platz nicht so holprig gewesen wäre, wenn der Clown von einem linken Verteidiger nicht darauf bestanden hätte, Linksaußen zu spielen, wenn der Schiri kein selbstherrlicher Idiot gewesen wäre (und vermutlich bestochen), der Gegner nicht drei Juniorspieler von höchstens 35 in ihre Mannschaft eingeschmuggelt hätte.

Vielleicht lag es auch daran, dass der Mittelstürmer generell unfähig ist, etwas anderes als seine eigenen Schuhspitzen wahrzunehmen, egal, wie leer die rechte Flanke ist, und dass der Libero einen halben Meter vor der eigenen Torlinie den Drang zu einem Hackentrick verspürte, den er nicht hinbekam. Woraufhin der Ball ihn, die Gegner und den Torwart narrte und ins eigene Netz rollte … sonst – also, sonst wäre der Sieg sicher gewesen.

»Warum hast du nicht abgegeben?«, fuhr der Rechtsaußen den Mittelstürmer an.

»Das hätte nichts gebracht, du hättest es verpatzt«, antwortete der. Er dachte nicht mehr an die Parolen, die er in seiner Jugend über den Zusammenhalt des linken Flügels der SPD ausgegeben hatte.

Aber B-Citos hat auch Siege erlebt. Es gab Jubelspiele wie das gegen Rote Sterne im Frühling 2003, als die Veteranen mit 2:2 praktisch gewannen. Und die alten Sozis erreichten überhaupt nur deswegen ein Unentschieden, weil sie wie ein Haufen brutaler Arbeitgeber spielten. Unsportlich führten sie einen Einwurf aus, bevor die Veteranen ihre richtigen Verteidigungspositionen eingenommen hatten, und nutzten so die Verwirrung des Augenblicks zum Ausgleich.

Nach dem Duschen saßen die Veteranen in Klövermarkens Kantine und beschwerten sich über das schlechte Essen. Sie sind Besseres gewohnt. B-Citos-Veteraner ist nämlich die dänische Fußballelf mit dem höchsten Pro-Kopf-Konsum an Barolo. Aus diesem Grund ist der italienische Weinhändler in der Mannschaft.

Aber nicht alles war italienisch. Die 3. Halbzeit bestand auch aus einem großartigen thailändischen 15-Gänge-Menü. Der verwirrte Mittelstürmer hat sich nämlich eine thailändische Ehefrau an Land gezogen. Sie war früher Thaiboxerin und drohte den Gegnern mit Prügel, falls sie ihren Mann angreifen sollten. Außerdem kann sie großartig kochen.

Obwohl die Mannschaft nur aus Dänen besteht, sind Würstchen bei uns nicht gern gesehen, denn der Torwart der Elf ist Jude und weigert sich daher, auf seinen Grill Würstchen zu legen, die nicht koscher sind.

B-Citos ist ganz ohne Zweifel der Meister der 3. Halbzeit, und je mehr Zeit vergeht, umso großartiger werden die Fähigkeiten der Spieler auf dem Platz und anderenorts.

»Habt ihr die Flanke gesehen, die ich in der zweiten Halbzeit über drei Viertel vom Platz gebracht habe?«, fragt der Libero.

»Du hast den weggebolzt«, antwortete der Linksaußen.

»Ich stand völlig frei«, sagte Rechtsaußen. »Warum spielst du nicht einfach auf den nächsten Mann, wenn du weißt, dass Totalschaden einen Kurzpass nicht einmal dann kontrollieren kann, wenn du ihm das Ding tot vor die Füße legst?«

Anfangs nannten die Veteranen ihn *Hirnschaden*, weil er der Sohn eines Kinderpsychologen war. Im Frühjahr 96 zog er sich einen Kreuzbandriss zu, seither heißt er *Totalschaden*.

»Habt ihr gesehen, wie ich zwei Gegner ausgedribbelt habe, bevor ich einen Zentimeter am Pfosten vorbeigehämmert bin?«, prahlte der Exsozi, der Linksaußen spielte und sich daher eigentlich auf der rechten Seite der Verteidigung hätte befinden sollen, als die Gegner bei dem nachfolgenden Angriff ein Tor schossen.

»Nääa«, sagte der rechte Verteidiger, der während dieses Gegenangriffs einen interessanten Ballwechsel auf dem Platz nebenan verfolgt hatte.

»Das war das Tor des Jahres«, sagte der italienische Weinhändler plötzlich.

»Das Tor des Jahres ist doch immer eines, das wir selbst schießen«, sagte der Topscorer.

»Das ich im letzten Jahr gegen Them Fucking Animals geschossen habe.« Dieser Name bezog sich auf die dänischen Altherren-Abteilung des schottischen Clubs Celtic, die ihrem Spiel eine verbale Dimension hinzugefügt hatte. Der Weinhändler war mit dem Ball an der Strafraumlinie des Gegners gestanden. Er schießt immer auf das Tor, dabei ist es ihm völlig egal, wo auf dem Platz er gerade ist. Dieses Mal befand er sich genau auf der Strafraumlinie.

»Jetzt gibt er ab«, dachten seine Mannschaftskameraden. Aber da irrten sie. Mit einem Heber schoss der Weinhändler den Ball in die Luft, dort wurde er vom Wind erfasst und auf die Latte hinuntergeweht, die ihm einen solchen Dreh gab, dass er in den Matsch vors Tor und dann ins Netz hüpfte.

»Das Tor des Jahres.«

»O.k., aber das kostet drei Flaschen Barolo zur Generalversammlung.«

»Die sind gesponsert.«

»Mir ist ganz klar, warum Fußball so beliebt ist«, sagte Rechtsaußen.

»Man ist die Frauen los«, meinte der Libero.

»Fußball ist wie Sex«, fuhr der Rechtsaußen fort. »Von 0:0 hat keiner was, bei 1:0 fehlt was. Mit 1:1 oder 2:1 kann man leben. 4:3 ist ein großer Tag, und über 5:5 redet man noch jahrelang.

Beim Handball schießen beide Mannschaften etwa dreißig Tore, so oft kann keiner.«

»Letzte Woche haben wir 9:0 verloren«, sagte Linksaußen.

»Meine Frau hat heute Morgen 7:5 gewonnen«, prahlte der italienische Weinhändler.

In diesem Jahr diskutierten die Spieler außerdem, ob die Mannschaft sich nicht in die Seniorenliga ummelden sollte. Das würde besser zum Durchschnittsalter der Mannschaft passen und zu ihrem Laufpensum auch. Außerdem könnte man den Dänischen Arbeitersportbund bitten, in jeder Halbzeit eine Prostatapause einzulegen.

Die B-Citos-Veteraner nehmen jedes Jahr an dem prestigeträchtigen *Morten Olsen Cup* teil. Er ist nach dem dänischen Nationaltrainer benannt, der für seinen Kindheitsklub Vordingborg spielt. Das Turnier wird so organisiert, dass Vordingborg normalerweise gewinnt.

Hinten von links:
Ersatzspieler, Libero, der verwirrte Mittelstürmer, rechter Verteidiger, der italienische Weinhändler, Linksaußen und Rechtsaußen.

Vorne von links
Der dänische Nationaltrainer, der nicht der Trainer der Veteranen ist, Torwart, rechter Verteidiger, halb rechter Stürmer und der kleine Bruder des verwirrten Mittelstürmers, der

statt des Topscorers mitgespielt hat, der zum fünfzigsten Geburtstag seiner Frau musste und deswegen nicht da war, sodass die Mannschaft an diesem Tag nicht gewann. Totalschaden kam nicht mit aufs Bild, weil er geschädigt war.

ES LEBTE DER SPORT

Früher war Passivsport eine klare Sache. Als der Halbzeitmann sich noch in der ersten Spielhälfte seines Lebens befand, gab es nur einen Sport, der zählte: Fußball!

Die Helden des WM-Finales 1974 kann er bis heute auswendig herunterrasseln, selbst wenn man ihn nachts um halb vier mit Restalkohol aus dem Tiefschlaf reißt: Maier – Vogts, Beckenbauer, Schwarzenbeck, Breitner – Hoeneß, Bonhof, Overath, Grabowski – Müller, Hölzenbein. Besser wurde Sport danach nie mehr. Und besser wurden auch Fußballernamen nie mehr. Katsche Schwarzenbeck, wie lässig war das denn? Geh kacken, Poldi!

Für viele Menschen hat sich der Sportkonsum heute allerdings geändert. Sie gucken statt Fußball lieber Biathlon, jenen perfekt inszenierten Fernsehsport, den moralisch etwas zweifelhaften Mix aus Schießen und Weglaufen. Und wenn der mittelalte Mann auch mal Biathlon schaut, muss er tatsächlich zugeben: ziemlich spannend, selbst ohne Magdalena Neuner.

Wenn auch Sie vom Fußball mittelfristig Abschied nehmen wollen, hier unsere erste streng wissenschaftliche Untersuchung für den Mann im besten Alter: Welcher Sport ist besser – Biathlon oder Fußball? Lena vs. Poldi – schießen, äh, lesen Sie los!

– Der Ganzjahres-Faktor: Fußball wird immer gespielt, außer in der Winterpause, wenn es schneit. Biathlon gibt's nur selten. Führende Biathlon-Forscher haben ausgerechnet: Der Weltcup dauert ganze 109 Tage. Das heißt: 70,21 Prozent des Jahres sind Biathlon-frei. Wir brauchen Beach-Biathlon! Punkt für den Fußball, 1:0.

– Der Heldinnen-Faktor: Magdalena Neuner, die Strickliesel aus Wallgau. Die pumucklhaarige Kati Wilhelm. Martina Glagow, das Mittenwalder Mäuserl. Und die strohblond putzige Miri Gössner. Soooooo süß, unsere Biathlon-Mädchen! Flocke mit Gewehr. Da muss man nicht Angelina Jolie heißen, um an Sofortadoption zu denken. Keine Chance für unrasierte Fußball-Millionarios! 1:1.

– Der Trainer-Faktor: Der legendär zauselige Biathlon-Cheftrainer Uwe Müssiggang sieht so aus, wie er heißt. Gegen Jogis Glamour-Faktor ist er optisch chancenlos wie Handgestricktes gegen einen Kaschmirschal. Andererseits: Müssiggang hat schon 22 WM-Titel geholt. Dafür müsste Jogi bis einschließlich 2098 jedes Mal Weltmeister werden. Das wird eng. Deshalb unentschieden, 2:2.

– Der Mitdenk-Faktor: Fußball ist einfach. Biathlon ist kompliziert. Es gibt Einzel, Sprint, Verfolgung, Massenstart, Unmixed-Staffel und Mixed-Staffel. Die meisten Rennen werden einzeln ausgetragen, aber nur das Einzel heißt Einzel. Deshalb müsste Biathlon eigentlich Triathlon heißen: laufen, schießen, denken. Punkt für den Fußball, den wirklich jeder versteht. 3:2.

– Der Schwarzer-Faktor: Im Biathlon haben die Frauen die Skihosen an. Erst 1981 gab's den ersten Wettbewerb. Gut drei Jahrzehnte danach ist Biathlon auch dank Uschi »Emma« Disl, der Simone de Beauvoir der Schießstände, die populärste deutsche Frauen-Bewegung. Wieder Ausgleich, 3:3.

– Der Danebenschieß-Faktor: Biathlon ist eine tolerante Sportart. Magdalena Neuner schoss dauernd daneben, konnte das aber durch fleißiges Laufen ausgleichen. Das geht bei Poldi nicht. Biathlon erstmals vorn, 4:3.

– Der Strafrunden-Faktor: Biathleten müssen ihre Strafrunden nach schlechten Leistungen öffentlich vor Millionenpublikum ableisten. Fußballer leider nicht. Das ist schade. Biathlon zieht davon, 5:3.

– Der Regel-Faktor: Die Biathlonregeln sind etwas obskur. Wer im Sprint gewinnt, bekommt bei der anschließenden Verfolgung einen Vorsprung und damit den nächsten Sieg fast geschenkt. Hey, Biathleten: Wenn der FC Bayern 4:0 gewinnt, darf er beim nächsten Spiel auch nicht mit 1:0 anfangen. Doofe Regel. Der Fußball holt auf, 5:4.

– Der Altstar-Faktor: Die größten Fußballstars sind heute alle Experten oder Funktionäre. Rummenigge, Hoeneß und Beckenbauer sind toll, können aber auch die Nerven strapazieren. Von Uschi Disl, Simone Greiner-Petter-Memm, Martina Glagow-Beck oder Simone Denkinger-Hauswald (was für tolle Doppelnamen!) hat man nach ihrer Karriere

nicht mehr viel gehört. Die Biathletinnen verhalten sich ruhig, ganz im Gegensatz zu Herrn Matthäus. Vorbildlich! Lieber Uschi als Lothar. 6:4 fürs Biathlon, die Vorentscheidung.

– Der Erfolgs-Faktor: Das entscheidende Argument. Wir Deutschen sind der FC Barcelona des Biathlons. Aber höchstens das Schalke 04 des Fußballs. Gleich zwei Punkte fürs Biathlon, sensationeller Endstand 8:4!

– Der Fazit-Faktor: Er hat sich tapfer gehalten, der gute alte Fußball. Aber Biathlon ist einfach gei… pardon, besser.

MITTELALTE FERNSEHEXPERTEN

Jeder Vertreter der »Generation Schwarzenbeck« oder der »Generation Rummenigge« muss heilfroh sein, dass er zwar nicht mehr ganz jung ist, aber wenigstens kein Exsportler. Denn »mittelalter Exsportler« ist eine tödliche Kombination. Frühere Sportler mit bildungsferner Vergangenheit müssen ihr Dasein meist als Fernsehexperten fristen – wenn sie Glück haben, in größeren TV-Anstalten, und wenn sie Pech haben, in dubiosen Kleinsendern.

Wenn Sie als gelernter Sportler die zweite Halbzeit Ihres Lebens beispielsweise als Fußballexperte bei N24 verbringen müssen, gleicht das einer Art medialem Hartz IV, nur mit Mikrofon. Eine Liga darüber, also quasi Hartz III, spielen Großexperten wie Oliver Kahn, der sein Dasein während der Fußball-EM 2012 gemeinsam mit der Usedomina Katrin Müller-Hohenstein auf einer entlegenen Ostseeinsel fristete.

Was Kahn dort erleben musste, fernab von jedem Spiel, war der wohl schmerzhafteste Inselaufenthalt, seit sich Tom Hanks in *Cast Away* selbst den Backenzahn amputierte. Einmal Flut, und alles wäre gut gewesen. Doch das Zweite sendete nicht von der Nordsee, sondern von der gezeitentechnisch beklagenswert unterentwickelten Ostsee. Dort dämmerte das leblose Klatschvolk in Liegestühlen vor sich hin, und alles wirkte wie der knalltütige Fernsehgarten, bloß eben mit Fußball. Ein sportgewordener Tony Marshall! Vor dem Zweiten flieht man besser.

Am Ende der EM machte der mittelalte Drucktitan keinen Hehl mehr daraus, dass er des Lebens am Strande der Gesellschaft müde war: »Man würde sich gern mal entspannen, ein Bier trinken oder in so einem gemütlichen Liegestuhl sitzen.« An dieser Stelle dachte sich der Zuschauer: »Mach doch, Olli, da haben wir alle was von!«

Jedenfalls sind »Experten« im deutschen Sportbetrieb die einzige Spezies, die sich noch eifriger vermehrt haben als Übungsleiter beim Hamburger SV. Wobei man sagen muss: Nicht nur im Sport! Es gibt auch hauptberufliche Experten für andere, unsportliche, Tätigkeiten. Das ZDF beschäftigt mit Elmar Theveßen zum Beispiel einen eigenen ZDF-Terrorexperten. Und wenn die Amerikaner Bin Laden erschießen, ist das für so einen Mann natürlich langfristig geschäftsschädigend. Gut, beim ZDF kann er immer noch zu Carmen Nebel, und dann in deren Sendung für den üblichen Akustikterror sorgen.

Aber zurück zum nicht mehr ganz jugendlichen Fernsehsportexperten. Kein Sportmoderator traut sich heute noch ohne einen Experten vor die Kamera, der angeblich etwas von dem Sport versteht, den der Moderator zu moderieren hat. Experten sind für die Moderatoren so treue Begleiter geworden wie das Tempotaschentuch für den Verschnupften oder das Gewinnen von Autorennen ganz früher nach dem Krieg für Michael Schumacher. Siege werden gemeinsam zelebriert: »Super-Spiel, oder?« – »Ja sicher, Super-Spiel!«. Niederlagen beweint der Experte solidarisch mit seinem Moderator, quasi als persönlicher Co-Träner.

Es ist nicht wirklich anspruchsvoll, als Sportexperte beim Fernsehen zu arbeiten. Außerordentliche lexikalische Fähigkeiten werden gar nicht erst erwartet. Anders als altgediente Sportreporter müssen »Experten« nicht zu jeder Tages- und Nachtzeit aus dem Stehgreif Fragen beantworten können wie »Wer schoss das letzte Schalke-Tor vor der Mondlandung?« oder »Wer war der schwerste katholische Spieler im Bayern-Kader, als John Lennon erschossen wurde?«. Auch der deutschen Sprache muss man nicht zwingend mächtig sein. Im Gegenteil. Hört man dem handelsüblichen Experten zu, ist unfallfreies Deutsch wohl eher Einstellungshindernis.

Tatsächlich ist es längst so, dass zum Expertewerden ein leidlich bekannter Name und ein Gesicht ausreichen, das die Konkurrenz gerade zufällig nicht auf ihrer Gehaltsliste führt. Denn: Das Fernsehen giert nach immer neuen Experten. Es beschäftigt bereits Experten für die Suche nach Experten. Das ZDF will dazu sogar Werbekampagnen lancieren: »Ist dein Leben voll die Härte, komm zu Katrin als Experte.« Längst ist das Business mit impertinenten Experten (vulgo: Impert-Expert-Geschäft) zu einer der letzten deutschen Boombranchen herangewachsen, hier liegen wir immer noch deutlich vor China und Indien.

Grund nicht zuletzt: Die Fußball-WM 2014 in Brasilien verheißt Legionen von gescheiterten Zweithalbzeit-Fußballern und verkrachten Trainer-Existenzen den Ausweg aus der Beschäftigungslosigkeit. Wenn Sie sich wundern, warum es so wenig Eintrittskarten für die WM gibt – der Großteil geht an Experten. Dann darf wohl auch Lothar wieder ran, der einst für wenige Tage als Trainer beim brasilianischen Verein Atletico Paranuss wirkte und dann entfloh, ohne seine monumentale Handyrechnung bezahlt zu haben; Sprechpreller sozusagen. So ein mehrtägiger Brasilienaufenthalt berechtigt ihn dann, auf Lebenszeit als Südamerika-Experte im deutschen Fernsehen herumzulungern.

Demnächst gibt es vermutlich sogar Experten auf 1-Euro-Basis. Die Bundesregierung prüft, ob das Expertentum eine neue Form der Scheinbeschäftigung darstellt. Kinder möchten nicht mehr Astronaut werden, sondern Experte. Junge Fußballer wollen nur noch zwei, drei Jahre kicken und dann direkt die Expertenlaufbahn einschlagen.

Es gibt alle Arten von Experten. Es gibt nur keine Ex-Experten. Wer einmal auf dem Experten-Karussell sitzt, das einen bequem von Sender zu Sender befördert, der springt nicht mehr ab. Man hofft vielmehr auf den Aufstieg zum Oberexperten wie Kaiser Franz, der dann sogar bei mehreren Sendern gleichzeitig Experte sein darf.

Und der Halbzeitmann fragt sich beim Zuschauen: Wie war das früher im Fernsehen, so ganz ohne Experten? Wie sind wir 1954 und 1974 Weltmeister geworden, ohne dass im Fernsehen ganze Heerscharen semikluger Köpfe das Geschehen in den Stadien analysierten? Hätte ein Lothar Matthäus 1954 nach dem 3:8 in der Vorrunde gegen Ungarn den Kopf von Sepp Herberger und 1974 nach dem 0:1 gegen die Ostzone den Rücktritt von Helmut Schön gefordert?

Wäre die Fußballgeschichte dann anders verlaufen? Man weiß es nicht. Man sollte dringend einen Experten befragen. Was hält eigentlich Derrorexperte Deveßen (mittelfrängische Ausspracheversion) von einem Lothar Matthäus?

MANNE WILL

Sobald der Mann im besten Alter noch ein Stück älter wird, genauer gesagt, an seinem fünfzigsten Geburtstag, wird er für das deutsche Fernsehen uninteressant. Dann kann er vergruften, pardon, verduften, und keiner weint ihm eine Träne hinterher. An diesem Stichtag eliminiert er sich nämlich selbst aus der Zielgruppe »14 bis 49 Jahre«, die für die Einschaltquoten und damit für den Preis der TV-Reklame ausschlaggebend ist. »Junges Publikum« nennen die wunderlichen Fernsehmenschen das.

Solange er jugendliche 49 ist, umhegen und umschmeicheln die Fernsehsender den fast mittelalten Mann wie Löwenmutter ihr Junges. »Schau mich an! Schalt mich ein! Bütttää!«, blökt RTL-Promischänderin Frauke Ludowig tagtäglich. Bauernkupplerin Inka Bause verspricht die zügige Übersendung eines saftigen Supersteaks vom knuffigen Kuhbauern Klaas-Kunibert Kawupke. Dackelblick-Jauch macht seinen Dackelblick, und der ölige Lanz versucht es mit dem sehr widerstehlichen Charme eines indischen Rosenverkäufers.

Um Punkt Mitternacht ist dann alles vorbei. Lanz zeigt sein wahres hässliches Gesicht, Jauch muss plötzlich den Regenwald retten gehen und Ludowig hat einen Interviewtermin mit der neuen 16-jährigen slowenischen Geliebten eines früheren Fußballspielers.

Sobald der Halbzeitmann fünfzig ist, wird er für das deutsche Fernsehen uninteressant.

Sie sind jetzt fünfzig, und medial gesehen interessiert sich keine Sau mehr für Sie. Die Fernsehmenschen wissen genau, dass Sie ab diesem Tag kein neues Auto mehr kaufen, sondern mit ihrem jetzigen Gefährt in die Grube einfahren, dass Sie sich nicht waschen, kein Deo verwenden und daher freiwillig stinken, dass sie keinen neuen Computer mehr kaufen, sondern Windows 95 bis ins Jahr 2095 verwenden. Fürs Fernsehen sind Sie ab sofort nur noch interessant, wenn Sie selbst moderieren, wie Jauch (Jahrgang 1956), Beckmann (dito), Bohlen (1954) oder Gottschalk (1905, pardon, 1950).

Bei vielen mittelalten Männern beruht dieses Desinteresse allerdings auf Gegenseitigkeit. Sie haben ebenfalls keine Lust mehr, sich den immer gleichen Rotz im Fernsehen anzusehen, das ewige Casting von Dicken, von Sängern, von Tänzern und von Schönheitsoperierten, teilweise auch von dicken, schönheitsoperierten, singenden Tänzern bzw. tanzenden Sängern. Oder die tägliche Schwadronier-Schwadron, die Quasselstripper im Ersten. Oder aber die endlose Vermüllung im intellektuellen Messe-Gelände von RTL oder Sat.1. Das ganze Elend halt.

Es hat eben auch seine Vorteile, wenn man im Mittelalter schlechter hört. Bekanntlich lassen sich die Ohren im Gegensatz zu Augen und Nase nur unzureichend abdichten. Doch Schwerhörigkeit ist die perfekte Medizin gegen Fernsehplagen wie Beckmann, Kerner und Lanz. Ohne Ton machen sie alle gleich einen deutlich besseren Eindruck. Da stört dann nur noch das Hinschauen.

Aber zurück zum Thema: So kann das nicht weitergehen! Dem televisionären Jugendwahn muss dringend Einhalt geboten werden – es wird höchste Zeit für richtiges Best-Ager-TV! Hier die schönsten Sendungen für den Septembermann, die das deutsche Fernsehen unbedingt einführen muss, damit sich das Einschalten endlich wieder lohnt.

- *Der Mittelalte* (ZDF-Krimi mit einem Kommissar in den allerbesten Jahren)
- *ARD-Pennpunkt* (entspannendes Programm für den Schlaf am frühen Fernsehabend)

- *Manne Will* (die Männer-Talkshow)
- *Auf Moos geht's los* (Action-Magazin für die reifere Generation)
- *Bart aber mehr* (sachdienliche Informationen zur männlichen Gesichtsbehaarung)
- *Günther Bauch* (Diät-Talk, wird im Winter durch die Vier-Ranzen-Tournee ersetzt)
- *Speckmann* (weiterer Diät-Talk – Sie wissen ja, es gibt viel zu bereden im Ersten)
- *Dissen vor 8* (gepflegtes Pöbeln auch im fortgeschrittenen Alter)
- *Jochenspiegel* (Sendung über die schönsten männlichen Vornamen der Fünfziger und Sechziger)
- *Euer-Opa-Magazin* (Vorbereitung aufs Hüten der Enkel)
- *ARD-Bratgeber* (Grillmagazin)
- *Grogpalast* (Tipps für die Einrichtung einer gepflegten Hausbar)
- *Was war ich?* (heiteres Ex-Beruferaten für Menschen im wohlverdienten Ruhestand)
- *Verbotene Hiebe* (auch im Mittelalter ist Gewalt keine Lösung)
- *Die Sendung mit dem Aus* (Abschalten ist leichter, als Sie denken)
- *Wetten, Pass…?* (die ZDF-Sportschau)
- *Die Häute-Show* (zugegebenermaßen etwas frivoles FKK-Magazin, läuft im Wechsel mit *Nacktenzeichen XY*)
- *Der Merkdoktor* (So halten Sie Ihr Gedächtnis fit)
- *Besen!* (So halten Sie Ihr Haus mit wenig Aufwand sauber)
- *Gute Saiten, noch bessere Saiten* (die geilsten Gitarrensoli in der Geschichte des Hardrock)

- CSU – *Den Vätern auf der Spur* (bayerisches Erziehungsmagazin für den späten Vater)
- *Raus aus dem Dulden* (Psycho-Show über bessere Durchsetzungsfähigkeit im Alter)
- *Ein Satz mit vier Enden* (experimentelles Deutsch mit Boris Becker)
- *Der Preis ist Schweiß* (Heimwerker-Sendung)
- *Die Wandermure* (Bergsteigersendung für reifere Gipfelstürmer)
- *Bitte melde dich nicht!* (Doku über ehemalige Lebensgefährtinnen)
- *Die Stulle von Tölz* (deftige Kochshow)

Und natürlich das unbestrittene Highlight, bitte täglich senden!

- *Grey's Anatomie* (der unwiderstehliche Charme des reiferen männlichen Körpers, Doku-Soap)

GERMANY'S NEXT TOP-MITTELALTER

Jedes dritte deutsche Mädchen zwischen 16 und 22, so eine aktuelle Umfrage des fernsehstatistischen Bundesamtes, hat mittlerweile an einer der zahllosen »Hilfe, ich habe Größe 32, warum bin ich so fett?«-Castingshows teilgenommen. Besonders hervorzuheben sind hier Sendungen wie *Germany's Next Topmodel, Die deutsche Magerparade* oder *Nur als Geripp' bist du noch hip*.

Demgegenüber steht die sträfliche Vernachlässigung des deutschen Halbzeitmannes durch eine jugend- und frauenfixierte Fernsehindustrie. Ganze 0,26 Prozent aller Männer zwischen 45 und 58 hatten bisher überhaupt die Möglichkeit, an einer Castingshow teilzunehmen. Ausgestrahlt wurde die dann auch nur im Nachtprogramm gegen 3.18 Uhr im DSF. Diese himmelschreiende Gerechtigkeitslücke muss schnellstens geschlossen werden.

Wir von der Ersten Deutschen Halbzeitmänner-Partei (EDHMP) fordern die sofortige Einführung der Castingshow *Germany's Next Top-Mittelalter*, moderiert auf ProSieben vom 51-jährigen und nicht mehr richtig dünnen Heiner Klum aus Bergisch Gladbach, Ortsteil Herrenstrunden! Und wir sind überzeugt: *Germany's Next Top-Mittelalter* wird ein Megaerfolg, gerade beim Publikum in der Zielgruppe »50 bis 69«. Denn das Konzept ist brillant!

Statt bohnenstangiger Mädchen wie Jenny, Hannah oder Alma nehmen gestandene Kerle wie Rüdiger, Bertl oder Alfons teil, alle zwischen 47 und 55 Jahre alt und mitten im Leben stehend. Aber was heißt »stehen«? Auch bei Heiner Klum geht es nicht zuletzt ums Gehen. Und hier kommt der Catwalk des mittelalten Mannes ins Spiel, die Bierbank! Zehn Meter geradeaus gehen, umdrehen, zurückgehen, nicht runterfallen und dann immer noch unfallfrei auf beiden Beinen stehen – sensationell, wie Alfons und Kollegen das hinkriegen. Echte Kerle!

Und das in den verschiedensten Schuhmodellen, natürlich alles Low Heels. Bergstiefel, Gummistiefel, Arbeitsschuhe mit Schutzkappe aus Stahl, Jesuslatschen mit Socken, Filzpantoffel, Birkenstock – mehr Treter sind nicht mal bei Heidi im Spiel. Hier wie dort wird der Schuhfetischismus des Publikums aufs Vortrefflichste befriedigt.

Was allerdings entfallen muss, ist das klassisch klumsche Kandidatinnen-Umstyling beim Figaro ungeklärter sexueller Orientierung. Denn: Wo keine Haare sind, kann auch nichts gefärbt, gestylt oder gar umgestylt werden. Die stolzen Resthaar-Besitzer unter den Kandidaten müssen jedoch im Rahmen eines Fotoshootings eine erhebliche Hairausforderung meistern: Waschen, Trocknen und Kämmen mit geringstmöglichem Haarverlust – eine fürwahr haarige Angelegenheit! Nagel und Lack dagegen spielen wirklich nur beim Renovieren eine Rolle, eine der Aufgaben, der sich die mutigen Teilnehmer stellen müssen.

Denn zentrales Element von *Germany's Next Top-Mittelalter* ist, im krassen Gegensatz zu Heidis Klappergören-Show, die unerschrockene Abbildung der Lebenswirklichkeit der Kandidaten. Alfons, Rüdiger und Kollegen sind zu sehen beim Posieren mit dem Kärcher, im Baumarkt, im Trikot von Schalke 04 (wie peinlich!), mit einer zünftigen Leberkässemmel im Mund, beim Nasenhaarschneiden, beim Pinkeln im Sitzen (noch peinlicher!) und wie sie am Stammtisch mit 2,8 Promille Luftgitarre spielen.

Außerdem auf der Castingagenda: Grillen, Autowaschen, Rasenmähen, Kreuzworträtseln, Bolzen mit dem Enkel und das ungeschickte Angraben junger Mädchen auf dem Volksfest. Im Laufe des Wettbewerbs verschärfen sich die Aufgaben, dann ist beispielsweise Nasenhaarschneiden mit 2,8 Promille bei gleichzeitigem Luftgitarrespielen und Grölen von alten AC/DC-Krachern wie »You Shook Me All Night Long« oder »For Those About To Rock We Salute You« verlangt. Oder Sitzpinkeln im Schalke-Trikot.

Um wirklich keinen Bereich der Lebenswirklichkeit des vorfossilen Mannes auszusparen, nehmen die Kameras hautnah am Leben von Alfons & Co. teil, filmen sie auch beim Blähen und beim Pupsen, beim Schnarchen und in der Sauna. Diese längst überfällige Sendung spart nichts aus, zeigt die ganze Wahrheit, die nackte Wahrheit und nichts als die Wahrheit. Verständlich, dass die Jury aus Lothar, Boris und Effe nicht immer restlos zufrieden ist und die Kandidaten auch mal hart kritisiert. Etwa so: »Alfons, dein Schnarchen hat uns nicht überzeugt. Deine Frau Irmel konnte trotzdem schlafen, wir glauben, das kannst du besser.« Oder: »Rüdiger, beim Blähen hast du uns sehr enttäuscht. Das geht noch aufgeblasener, bohniger.«

Ja, die Anforderungen liegen hoch bei diesem Casting. Aber die Zeiten sind nun mal hart, und nur einer kann Germany's Next Top-Mittelalter werden! Für den Rest heißt es eines traurigen Tages: »Ich habe leider kein Bier für dich.«

Wer sich durchsetzt, dem winkt dagegen eine märchenhafte Karriere als Testimonial für Hornbach, Pitstop, ATU, Aral, Alpecin, Bruzzler sowie die Grill-Holzkohle »Brenni«. Und was kann es Schöneres geben, als wenn Heiner Klum beim großen Finale in der Autowaschanlage Herne-Ost verkündet: »Alfons, du bist Germany's Next Top-Mittelalter! Du bist auf der Titelseite der nächsten *Auto, Motor und Sport*!«

GRILLZUBEHÖR UND MANCHES ANDERE FÜR DEN EWIG GÜLTIGEN WUNSCHZETTEL

Die Ehefrau des Halbzeitmannes beklagt sich Jahr für Jahr darüber, dass er sich nie etwas zu Weihnachten oder zu seinem Geburtstag wünscht. Das tut er wirklich nicht, denn wer so lange in einer Konsumgesellschaft gelebt hat wie der Mann im mittleren Alter, dem fehlt schlicht nichts.

Dennoch ist ein Wunschzettel eine gute Idee. Zum einen kann man damit seine Frau zum Schweigen bringen und zum anderen verhindern, dass man eine Tarteform, alberne Sofakissen oder Gläser geschenkt bekommt, die völlig unbrauchbar sind, weil sie nicht in die Spülmaschine dürfen.

Für alle, die eine solche Liste nicht selbst hinbekommen, hier ein Wunschzettel, den man jahrelang bei jeder Gelegenheit aus der Tasche ziehen kann:

* Zubehör für den Weber Grill. Sind Sie wirklich sicher, dass Sie da schon alles haben, was es gibt? Bestimmt nicht! Sie brauchen garantiert noch einen *Weber Pizzastein rechteckig* oder eine *Weber Grillbürste mit Bambusgriff*.

* Zubehör für den Hochdruckreiniger. Ein *Felgenreiniger* und ein *Dachrinnen- und Rohrreinungsset* sind absolute Musts. Sollten Sie beides tatsächlich besitzen, findet sich hundertprozentig etwas anderes, das Ihnen noch fehlt.

* Zubehör für iPhone, iPad oder iPod. Gehen Sie in einen Apple Store, da haben sie immer etwas, das Ihre Lebensqualität verbessern wird. Notfalls wünschen Sie sich einen Gutschein für den iTunes Store, denn es gibt bekanntlich für alle eine App, auch für den Mann im besten Alter.

* Zusatzprogramme für Ihr Navigationsgerät. Das jetzige ist so weit O.K., besonders seit Sie eine Software draufgezogen haben, die alle Tankstellen mit billigem Benzin kennt. Aber seit Kurzem kann man sich auch alle europäischen Angelgewässer anzeigen lassen. Sie sind gar kein Sportangler? Egal. Es kommt immer gut, wenn Sie Ihren Freunden zeigen können, dass Ihr Navi alles findet, wonach Sie fragen. Am besten laden Sie für die Routenanweisungen noch die Stimme von Jogi Löw auf Ihr Navi, samt den Schlürfgeräuschen, die der Bundestrainer immer beim Sprechen macht. Riesenbrüller!

* Ein Steckschlüsselsatz. Im Lauf der Jahre haben Sie vermutlich schon diesen und jenen Steckschlüssel bekommen. Aber entweder verschwinden sie, oder sie sind schlechte Qualität. Einen neuen Satz kann man immer brauchen.

* Das letzte *Greatest Hits*-Album von Bob Dylan/den Rolling Stones/den Beatles/Udo Jürgens/etc. pp. kurz gesagt von Sängern oder Gruppen, die ihre große Zeit in den 1970ern hatten oder knapp davor. Auch wenn Sie vielleicht schon alle ihre Platten und CDs besitzen: Sie können darauf wetten, dass jedes Jahr zu Weihnachten eine weitere *Collection* oder *Deluxe Edition* auftaucht, die ein einziges Stück enthält, das noch nie herausgegeben wurde. Was sich übrigens sofort erschließt, wenn man es sich mal anhört. Aber solange Sie nicht auch dieses Stück haben, ist Ihre Sammlung eben nicht komplett.

* Eine Eintrittskarte für das diesjährige Konzert eines abgedankten Rockstars der Siebzigerjahre, der auf Tournee ist, weil er gerade eine sehr teure Scheidung hinter sich gebracht hat. Oder aber von Müller-Westerhagen.

* Jeans. Levi's 501. Ein Modell, das nie aus der Mode kommt und von dem man immer ein Extrapaar gebrauchen kann.

DINGE, VON DENEN DER HALBZEITMANN NICHT AHNTE, DASS ER SIE BRAUCHT

1. Ein Ziehklingensatz
2. Ein 1 1/2"-Schnüffelstück
3. Deltaschleifer, Schwingschleifer, Rundsäge, Multischleifer, Oberfräse, Hobelmaschine, Druckluftschrauber, Elektroschrauber, Fugenfräsen, Säbelsäge, Bohrhammer, Bandschleifer, Doppelschleifer, Tellerschleifer, Dekupiersäge, Exzenterschleifer, Druckluftnagler, Gehrungssäge, Beulenausschlaghammer, Schlagschrauber, Schlagbohrmaschine, Poliermaschine, Rohrschere, Rohrtrenner, Lamellenfräse, Meißelhammer, Mauernutfräse, Blechnibbler, Elektroschaber, Absauggerät, Pendelhubstichsäge, Säulenbohrmaschine, Winkelschleifer, Kartuschenpistole, Deckenschleifer oder anderes Elektrowerkzeug
4. Ein Satz Mutternsprenger
5. Eine Laser-Wasserwaage
6. Ein Drehmomentschlüssel, z. B. Bahco 70–340Nm
7. Ein Körner
8. Ein Storchenschnabel, gern auch aus Mahagoni
9. Ein Reifenfülldruckmesser10. Ein Sacklochabzieher

DEWALT
BOSCH
PDA 240 E
PROXXON
FERM
FESTOOL
BOSCH
STANLEY

HÖHER SITZEN

Ob Mann oder Frau – sobald man sich der Lebensmitte nähert, fällt beim Autokauf der Satz aller Sätze: »Schatz, im nächsten Auto würde ich gerne höher sitzen. Wegen der Übersicht und wegen meinem Kreuz.« Mit dieser Aussage beginnt das verkehrspolitische Elend des Mannes im besten Alter, das Höhersitzen in rollenden deutschen Hirschkühen à la X5, Q7, ML 1860 oder Cayenne. Sportwagen und Cabrio ade.

Falls Ihnen in so einem Auto unerwartet eine sieben Meter hohe Düne vor den Wagen wandert (»Frechheit, wie dieser Ramsauer unsere Straßen verkommen lässt!«) – no problem! Falls die Mama von Braunbär Bruno mitten auf der Straße im Blutrausch auf Frischfleisch lauert – Gas geben, rumms, Mama Bär hängt mausetot am Bullenfänger. Selbst schuld, das Vieh! Sie sehen: In Germany's Next Top-Hobel ist Middleaged-Man für alle Eventualitäten gerüstet. Unter Ausstoß des jährlichen CO_2-Kontingents einer tansanischen Dorfsippe pflügen die präsenilen Straßenkrieger im Pampa-Porsche den Weg frei, kämpfen sich über permafrostiges Tundragelände bis nach Hause zu ihrer heimeligen Garage. Danke nachträglich, Herr Wiedeking, trotz allem – ohne Sie und Ihre vierradgetriebenen 550 PS wären wir nie angekommen!

Wobei: Vielleicht ist es ja auch ein Vorurteil, dass die Insassen solcher SUV ausschließlich im Großstadtdschungel unterwegs sind. Vielleicht befindet sich Cayenne-Norbert ja tatsächlich auf dem Weg ins westliche Ost-Afghanistan, ins schroffe Tora-Bora-Gebirge, um das Kopfgeld abzugreifen, das die CIA auf die letzten Reste der al-Qaida ausgesetzt hat. Falls ja: viel Erfolg! Falls nein, versteht man nicht wirklich, warum jemand in einem Gebirge auf Rädern durch die Vorstadt rumpelt.

Man muss nicht so weit gehen wie die Website ignoranz.ch, die die Cayenne-Touareg Q7X5 dieser Welt als »Penisprothesen für Ökoterroristen« geschmäht hat. Aber so richtig sinnvoll ist es tatsächlich nicht, ein, zwei handelsübliche Menschlein mittleren Alters mit 100 bis 150 Kilo zulässigem Gesamtgewicht in einem 2,5 Tonnen schweren Spähpanzerschwertransport durch die Weltgeschichte zu hieven. Nicht einmal besonders viel Platz bieten die kruden Ozonlocher. Mehr als fünf Plätze hat so ein mannshohes SUV meist nicht, genauso viel wie zum Beispiel ein todschicker kompakter Audi A3 Sportback.

Hauptargument für die Donnergefährte, die im Normalfall nie das Gelände sehen, weil die Highspeed-Reifen dafür ohnehin nicht taugen, ist nun mal: Mei, ich sitz halt gern ein bisserl höher! Das Bisserlhöhersitzen ist der neue Fetisch der Automobilisten im besten Alter. Setzt sich der Trend fort, könnte es bald wahre Eiffeltürme auf Rädern geben, in denen man so hoch thront, dass Gattin Heidi beim Urlaubsstart in Hamburg die Alpen erspähen kann. Man staunt im Nachhinein, dass wir Deutschen das Wirtschaftswunder als kümmerliche Niedrigsitzer im VW Käfer oder im Borgward Isabella überhaupt so anständig hinbekommen haben. Andererseits: Erst seit die Leute so hoch in ihren Autos sitzen, geht es dahin mit der Ökonomie. Das kann kein Zufall sein. Wir schätzen eh: Lehman Brothers, Hypo Real Estate, Facebook-Aktien-Abzocker – alle hoch oben. Garantiert!

Um der Wahrheit die Ehre zu geben: So ein 100000 Euro teurer Garagensprenger ist natürlich ein ausgestreckter Mittelfinger auf Rädern, mit der serienmäßig eingebauten Botschaft: Fuck you, Umwelt! Brot für die Welt, Cayenne für mich! Und natürlich auch: Fuck you, Fußgänger! Denn wer vor so ein Auto latscht, hat laut Crashtests eine deutlich bessere Chance, seine Todessehnsucht auszuleben als bei Polo oder Fiesta.

Wie soll's weitergehen mit der merkwürdigen Spezies der Super Unnützen Vehikel? Ein paar schlaue Schweizer haben ein Tempolimit von 100 km/h für die Mobilmonster ins Gespräch gebracht, ersatzweise eine Strafbesteuerung. Wir schlagen 408 Prozent Aufschlag auf den Anschaffungspreis vor. Lustig wären auch gesetzlich vorgeschriebene Namen, ungefähr so wie die Warnhinweise auf Zigarettenschachteln. Dann müsste Porsche den Cayenne zwangsweise »Porsche Viagra« nennen. Das würde die Wahrheit treffen, und, heißa, fix würde der Absatz in den Keller rauschen.

Wobei: Höchstwahrscheinlich löst sich das Problem ganz von allein. Die Concorde hat ihr finsteres Schicksal bereits ereilt, die Cayennes dieser Welt werden folgen. Schon heute ist man als mittelalter Fahrer eines solchen Kübelwagens gesellschaftlich stigmatisiert und wird gern mal auf offener Straße wüst beschimpft. Die mitleidigen Blicke der Dacia-Fahrer an der Tankstelle tun ihr Übriges. Und so trauen sich viele SUV-Kapitäne in ihren Egomanenschleudern gar nicht mehr auf die Straße, sondern sitzen nur noch daheim in der Garage im Auto und machen brummbrumm. Das allerdings dank erhöhter Sitzposition mit bester Fernsicht auf die Garagenwand.

ES GIBT FÜR ALLES EINE APP

Eines Tages kommt der Tag, den der Prä-Senior fürchtet wie Guido Westerwelle den Wählerwillen. Wie der FC Bayern die nächste Niederlage. Wie Schumi das finale Bremsmanöver. Und wie der magensensible Fernsehzuschauer jegliche Sendung mit Markus Lanz.

Es ist der Tag des digitalen Showdowns.

Es ist der Tag, an dem der Best Ager die Schriftgröße an seinem Elektro-Lesegerät, seinem iPad oder seinem Smartphone um eine Stufe nach oben stellen muss, weil er sonst auf dem Bildschirm nichts mehr erkennt außer undefinierbar herumspringenden mehrfarbigem Fliegenschiss. Man kann das durchaus vergleichen mit dem verlorenen Kampf gegen das unaufhörlich expandierende Körpergewicht. Eines Tages haben Sie es satt, sich in Jeans mit der Größenangabe W33 zu zwängen. Geht nicht mehr. Beim besten Willen. Macht Aua. Zwickt beim Autofahren. Dreckshose.

Unter vielen Schmerzen ist nicht nur Ihr Körper gewachsen, sondern auch die Einsicht: Eine W34 muss her, erstmals im Leben. Oder wissen Sie was: Am besten gleich eine W35, dann ist Spielraum da, falls der Körper seinen Expansionskurs fortsetzt. Aber bitte nicht vergessen, das Etikett mit der verräterischen W-Angabe vor dem Tragen abzuschneiden.

Genauso verhält es sich mit dem Smartphone und dem

iPad. Monatelang hatten Sie sich gegen die Propaganda beispielsweise von Apple gewehrt, das auf seiner Website säuselt: »Seit über 20 Jahren bietet Apple für Menschen mit Behinderung (also auch Alter, Anm. d. Red.) neue und innovative Lösungen, die es ihnen ermöglichen, Produkte wie Mac, iPod, iPhone und Apple TV uneingeschränkt und mit viel Spaß zu nutzen. Apple integriert standardmäßig unterstützende Technologien in seine Produkte – ohne zusätzliche Kosten. So sind z. B. iPhone, iPad, iPod und OS X mit Anzeigevergrößerung und der VoiceOver-Technologie ausgestattet, die sehbehinderten Benutzern die Bedienung erleichtern.«

Irgendwann allerdings stellen Sie die Schriftgröße tatsächlich nach oben – und wie wundervoll: Sie können wieder was erkennen! Der Fliegenschiss verwandelt sich in Worte, die teilweise sogar Sinn ergeben! Der herrliche Effekt lässt sich mit einer digitalen W38 vergleichen, so angenehm fühlt sich das an. Denn: Technikaffin sind wir nicht mehr ganz jungen Männer ja durchaus.

An dieser Stelle ist zunächst ein Geständnis fällig. Nein, dieses Kapitel wurde (noch) nicht am iPad geschrieben, jenem sagenumwobenen Flachcomputer von Apple, der mystischen digitalen Schiefertafel. Beim nächsten Halbzeitmann-Buch könnte das aber schon ganz anders ausschauen. Und höchstwahrscheinlich schreibt das iPad das nächste Buch ohnehin von ganz allein, ohne dass man als Autor noch etwas dafür tun muss.

Dass iPad, Smartphone & Co., die unheimlichen Zaubermaschinen des 21. Jahrhunderts, so gut wie alles können, fasziniert uns. Mit vielen hunderttausend Progrämmchen, die zum Herunterladen bereitstehen, ersetzen sie Fernseher,

Plattenspieler, Bücherregal, Navigerät, Wecker, Spielkonsole und vieles mehr. Ein Musterbeispiel für Nachhaltigkeit. Simplify your iLife! Hoch lebe, leider postum, Ex-Apple-Chef Steve Jobs, der iMoses! Hoch lebe die iWollmilchsau! Nur in der Wohnung des September-Mannes wird es immer leerer und iNsamer. Das gibt ihm zu denken.

Bevor Apple 2007 das iPhone erfunden hat, waren unsere Bleiben gut gefüllt. Dann allerdings begann das Entrümpeln. Erst mal das Naheliegende. Die CDs. Alle gut 2300 Platten in den Computer gepackt, mit digitalen Plattencovern und Liedtexten bestückt, Tag- und Nachtarbeit für endlose Wochen – an solchen Phasen können Ehen zugrunde gehen. Die Frau im besten Alter ist gottlob noch da, bloß im ehemaligen CD-Regal klafft seither eine scheußliche Lücke, nur mäßig kaschiert durch Blumenvasen.

Nach der Eröffnung des App Stores und anderer virtueller Läden zum Laden nahm das Ausmisten seinen Lauf. Es ist ja so: Mittlerweile stehen allein bei Apple über 650 000 Apps zur Verfügung – wer jeden Tag in aller Ruhe eine ausprobieren will, ist bereits nach knapp 1800 Jahren durch, und dann nicht mehr nur mittelalt, sondern so richtig steinalt. Die erste Entdeckung 2008 war: Hurra, das Smartphone kann jetzt auch Radio! Raus mit dem alten Weltempfänger! Hoch lebe Ebay! Danach folgten Wasserwaage (App!), Diktiergerät (App!), Mundharmonika (ja, auch dafür gibt es eine App, man kann ins Smartphone blasen wie einst der juvenile Bob Dylan!), DVD-Player (App! Filme per Download! Kino ade!), Wörterbücher (App!). Bei Ebay wurde es immer voller, in der Wohnung immer leerer.

Mittlerweile taugt das Smartphone auch als Fernseher. Mit

angeschlossenem Mini-Beamer lassen sich zwei Meter große Bilder an die Wand werfen, der Plasma-TV steht vor der Entsorgung. Das Navi im Auto hat's schon erwischt (App!), den Stapel mit den Zeitungen und den Zeitschriften ebenso – *Süddeutsche* und *Spiegel* kommen nur noch digital ins Haus. Wenn Steves Erben endlich eine anständige Kamera ins Smartphone einbauen, stehen auch Digicam und Camcorder zur Disposition, das Festnetztelefon ist ebenfalls bereits vom Aussterben bedroht – dank einer nagelneuen App, mit der sich das iPhone in ein ganz normales Telefon verwandelt, mit dem man sogar telefonieren kann. Ach ja, Briefmarken werden auch keine mehr angeschafft – eine App liefert schließlich Zahlencodes, die man auf den Umschlag schreiben kann und die die Post als Briefmarken gelten lässt.

Während der Ü46-Mann im App-Rausch ist, reagiert die Dame seines Herzens zunehmend genervt und harrt ihrer baldigen Ablösung durch eine iFrau, die dann zum Frühstück ein iEi kocht. EiEi, Sir! Statt neunzig Quadratmetern würden nach der großen Entrümpelung sechzig locker reichen, mit iFrau (App!) vielleicht auch schon fünfunddreißig oder vierzig. Dank Mister Jobs & Konsorten können Wohnungen künftig viel kleiner als bisher gebaut werden, die Konsequenzen für den Städtebau in den neuen iCities sind noch gar nicht abzusehen. Wie soll das alles weitergehen? Faszinierend, aber auch gespenstisch!

Das Gleiche gilt übrigens für eine Wiege-App – man stellt sich auf die Waage mit WLAN-Anschluss, und die Gewichtsdaten wandern als bunte Diagramme aufs Smartphone. Wobei die Idee noch nicht restlos perfektioniert ist: Die Badezimmerwaage braucht leider Platz, was dem Entrümpeln im

Wege steht. Zukunftsvision: Wenn erst die nächste Generation Tablets am Start ist, kann man sich zum Wiegen direkt auf das schicke Computerchen stellen. Aber Achtung: Tragfähigkeit nur bis 80 Kilo! Doch da hilft ein zweiter Tablet gern weiter: Mit dem linken Fuß auf den einen Computer, mit dem rechten Fuß auf den anderen, so haben Sie Spielraum bis mindestens W56. Und Apple & Co. werden noch reicher.

TODESANZEIGEN

Die Jahre bringen es mit sich, dass der unaufhaltsam älter werdende Mann beim Zeitunglesen am Morgen nicht mehr zuerst den Sportteil liest oder das Lokale, sondern die Todesanzeigen. So ändern sich die Zeiten, auch beim Frühstücken. Früher Kaba, heute makaber. Was soll man machen?

Die Ursachen für die mediale Nekrophilie sind vielfältig. Einerseits erfreut sich der Früh-Senior an den traumhaften Namen der frisch von uns Gegangenen. Eulalia Bichlmaier, Notburga Biersack, Rosa Grobholz, Kreszenzia Kugelgruber, Hilde Klingshirn (»Stempflingerin, Austragsbäuerin von Asenkofen«), Gustl Gugglinger, Hubert Handfest oder Ludwig Teufl, der uns mit 97 viel zu früh verlassen hat. – So heißt heute leider niemand mehr.

Heute heißen die Leute Lisa Sommer, Dennis Berger, Finn Kowalski oder Esnomi Grundmann. Die letzte Notburga wurde in München vermutlich 1947 getauft, längst dominieren die Jennifers und Jessicas. Und von neuen Kugelgrubers fehlt jede Spur. Dabei könnte man alt und neu so wunderbar kombinieren. Was spricht gegen eine Kathleen Kugelgruber, jene zauberhafte Verbindung von Ost und Süd, von Karl May und Karl Valentin?

Beim Lesen der althergebrachten Namen denkt sich der mittelalte Mann manchmal: Wie mögen die Leute wohl in fünfzig oder in hundert Jahren heißen? Immer noch zuckersüß-niedlich wie die Amélies und Tims heute – oder doch wieder Kreszenzia und Gustl? Oder gibt's dann ganz neue Namen, die sich noch niemand vorstellen kann und mag, Facebook09, www.walter.de oder Apostrophia?

Lesenswert am allmorgendlichen Zeitungsgrusel sind überdies die Werbeanzeigen für Steinmetze und andere fleißige Friedhofsdekorierer (»Sie trauern, wir mauern«). Und natürlich die teilweise längst ausgestorbenen Berufe der verschiedenen Verschiedenen. Kerzenzieherinnen sind dabei, Eisenbieger, Lehrerswitwen, Kirchenmalermeister, Fernmeldeoberamtsräte, Bürstenbinder, Dienstmänner und städtische Straßenbahnfahrer. Heute gibt's gar keine städtischen Straßenbahnfahrer mehr, denn das städtische Straßenbahnfahren ist outgesourced an nicht-städtische Niedriglohn-Tochterunternehmen, die 35 Prozent weniger Gehalt zahlen. Vielleicht ganz gut, dass Korbinian Strobl, der als ehemals städtischer Straßenbahnfahrer mit 96 Jahren ins ewige Trambahndepot eingerückt ist, dieses Elend nicht mehr erleben muss.

Was bedauerlicherweise fehlt in den Todesanzeigen, ist die Todesursache. Es heißt ja: Wenn auf den Gräbern aller Ermordeten eine Kerze brennen würde, wären unsere Friedhöfe hell erleuchtet. So kann man beim Lesen nur rätseln: Wie starb Kreszenzia Kugelgruber wirklich? Wurde sie von einem geldgeilen Erbschleicher erdolcht, womöglich von ihrem Cousin Kuno Kugelgruber-Stempflinger, Austragsbauer von Asenkofen? Starb Notburga Biersack als Opfer eines hinterlistigen Giftmordes, ausgeführt durch die Hand ihrer

Stiefmutter Rosalinde Biersack? Wobei, das könnte schwierig werden, war Notburga zum Zeitpunkt ihres Todes doch selbst schon zarte 94.

Was die Angehörigen in den Anzeigen schreiben, lässt in aller Regel keine Rückschlüsse auf die Todesursache zu, hat aber seine ganz eigene Schönheit. »Natürlich waren wir dagegen, aber der Liebe Gott hielt den 14. Februar 2007 offenbar für den richtigen Zeitpunkt, unseren wundervollen Ehemann und Vater Willy Moese zu sich zu nehmen«, steht da zu lesen. Oder: »Und am Anfang war er so beliebt«, oder auch »Brigitte, ich danke dir, dass du vor mir gegangen bist«. Ebenfalls schön: »Er hat gekämpft und doch verloren – Horst L., Schädlingsbekämpfer«. Nur falls da steht: »Scheiß-Motorrad! Gute Fahrt, Alter!«, lässt sich erahnen, welche Tragödie sich zugetragen hat.

Doch natürlich weiß der morbid veranlagte Mann im Frühherbst seines Lebens, dass hinter seinem allmorgendlichen medialen Totensonntag mehr steckt als nur eine skurrile Vorliebe für alte Namen, noch ältere Berufe oder kriminalistisches Interesse. Der wahre Grund lautet: Er spürt die Einschläge näher kommen. Deswegen möchte er wissen, ob seine ehemaligen Klassenkameraden noch am Leben sind, ob der verhasste Mathelehrer Funk zur letzten Zeugnisvergabe im himmlischen Direktorat antreten muss, und ob Schwester Hilda im gesegneten Alter von 103 Jahren den Heimgang ihrer älteren Schwester Clothilde (107) beklagen muss. Wenn die Nachsaison des Lebens näher rückt, macht man sich halt so seine Gedanken.

Wobei das Lesen der Todesanzeigen Trost und Stärkung spendet. Wenn Ludwig Teufl mit 97 von uns geht, freut sich der Mann mittleren Alters bei allem angemessenen Mitgefühl doch wie ein Schnitzel: »Juchhe, so alt werden die Leute heute, da hab ich fast noch ein halbes Leben vor mir.« Da fängt der Tag gleich viel fröhlicher an!

Und wenn Helmut Otrebski (50), Schauspieler, frühzeitig von der Bühne des Lebens abtreten muss, ist der Mann mittleren Alters pflichtgemäß betroffen, kann sich aber mit dem Gedanken trösten: »Gott sei Dank Helmut Otrebski, und nicht ich. Der Liebe Gott wird sich etwas dabei gedacht haben. Er hat noch etwas vor mit mir.«

Und so ist das Studium der Todesanzeigen für den Halbzeitmann vor allem ein erfreuliches und ziemlich lebendiges Ritual, das den Morgen bereichert und frische Kraft für den Tag gibt. Wer sie liest, kann in vielfältiger Weise davon profitieren – außer natürlich, wenn man selbst drinsteht. Beziehungsweise: Man steht dann ja nicht mehr, man liegt.

DINGE, ÜBER DIE MAN SICH GUT AUFREGEN KANN

Der Halbzeitmann verwendet tägliche mehrere Wachstunden darauf, sich aufzuregen. Dadurch erlangt er eine bemerkenswerte Empörungsroutine, sodass er selten um einen Anlass zum Losmotzen verlegen ist. Sollte das doch einmal passieren, kommen hier eine Liste mit 99 Dingen, über die man ausgiebig meckern kann. Möglicherweise sind Sie als Leser anderer Meinung, dann können Sie sich gern ausführlich über diese Liste aufregen.

A

Alufolie. Wann kriegen die Alufolienfabrikaten eigentlich mal Folienrollen hin, bei denen man die Alufolie in ganzer Breite ausrollen kann und nicht immer nur Fetzen zu fassen bekommt? Alufolie gibt es schon seit Jahrzehnten, nun macht endlich hin! Wenn das nicht bald gelingt, sollte man ernsthaft darüber nachdenken, den Beschäftigten der Alufolienbranche die Bürgerechte abzuerkennen. PS: Das gilt auch für verbrecherische Hersteller von Frischhaltefolien und Billig-Tesafilmen.

Apostrophitis. Keiner weiß, wie es anfing, aber es ist offenbar nicht mehr aufzuhalten: Der tot geglaubte Genitiv erlebt seine Auferstehung mit einem Apostroph, der die deutsche

Sprache befallen hat wie ein Krebsgeschwür. Auch wenn es offenbar außer uns niemanden interessiert: Das ist falsch. *Das ist falsch!* Es heißt nicht *Lisbeth's Friseurstübchen* und schon gar nicht *Frohe Weihnacht'sfeiertage*. Von *stet's* oder *nicht's* zu schweigen. Wir schnauben verächtlich: Deppenapostroph! Aber wir kämpfen auf verlorenem Posten. Mehr dazu im Kapitel »Blöden-Rechtschreibung und Deppen-Apostroph« diese's Buche's.

Autofahrer, die auf der Standspur fahren. Auf der Autobahn wird auf den Fahrspuren gefahren. Wer also glaubt, die Standspur sei speziell für ihn gedacht, ist ein Idiot. Gegen solche Autofahrer ist nichts zu machen. Sie sind komplett beratungsresistent. – Und ihr Verhalten im Verkehr verrät kolossal viel über ihre Persönlichkeit. Solche Leute möchte man nicht als Kollegen haben.

Autofahrer, die noch eben mal über die Kreuzung wollen. Wie alle sehen sie, dass die Kreuzung verstopft ist, aber sie müssen trotzdem über die Ampel. Denn die steht auf Grün, und Grün bedeutet »Fahren«. Daher ist es ihr gutes Recht, mitten auf die Kreuzung zu fahren – selbst wenn sie den Rest des Tages dastehen und den gesamten Verkehr lahmlegen. Idioten!

Autofahrer, die ganz links oder ganz rechts auf der Fahrbahn rasen. Sie halten die Fahrspuren für ihr persönliches Eigentum, während die anderen Autofahrer – vor allem die, die nicht so bekloppt fahren wie sie – Aliens sind, die man gar nicht auf die Straße hätte lassen dürfen. Für sie ist es ihr gutes Recht, dieser Auffassung mit Gesten, Hupen und Lichtsignalen Nachdruck zu verleihen. Alles auf einmal, während sie dem Alien mehr oder weniger auf die hintere Stoßstange fahren.

Autofahrer, die auf der äußersten Überholspur dahinschleichen. Wir reden von Leuten, die ein ansehnliches Stück unter der Höchstgeschwindigkeit bleiben und sich nur deswegen für die Überholspur entschieden haben, weil dort am meisten Platz war. Solche Autofahrer haben nicht die geringste Ahnung, was im Verkehr vorgeht, fühlen sich aber als Trendsetter der Straße, weil so viele Autos hinter ihnen dieselbe Fahrspur gewählt haben.

Autozubehörfanatiker. Die Autobesitzer, die das meiste Geld für Zubehör ausgeben, sind meist die, die es sich am allerwenigsten leisten können. Gehen Sie mal auf den Parkplatz einer Berufsschule. Da sieht es oft aus wie auf dem Freigelände einer Autozubehör-Messe. Es wimmelt nur so von Spoilern, Sportschalldämpfern, Sidepipes, Magnesiumfelgen und Niederquerschnittsreifen. Muss man da noch erwähnen, dass es genau diese Zubehörfanatiker sind, die über die Standspur rasen? Besonders gern in einem tiefergelegten Opel Corsa, Golf II oder einem alten 3er-BMW.

Autowerkstätten. »Wir haben gleich noch die Bremsscheiben gewechselt. Es war nur eine Frage der Zeit, bis Sie neue gebraucht hätten.« Wenn man in die Werkstatt kommt, um den Wagen abzuholen, bei dem nur ein Ölwechsel gemacht werden sollte, sind solche Informationen nicht unüblich.

»Es war nur eine Frage der Zeit.« Na klar! Ist nicht alles eine Frage der Zeit? Aber was, bitte, verleitet Sie zu der Annahme, dass Sie so lange an meinem Auto herumschreiben können, bis Sie das Geld für eine Karibik-Kreuzfahrt mit Ihrer ganzen Familie zusammenhaben? Außerdem: Warum findet sich auf all Ihren Rechnungen immer noch ein »Umweltzuschlag« von -zig Euro? Und warum gibt es mit absoluter Sicherheit einen Posten »Kleinteile« über 16 Euro 80, wo doch sonst jede Schraube für 86 Cent einzeln aufgeführt ist?

B

B- und C-Promis. Warum werden wir ständig mit Details aus dem Leben von zutiefst banalen Menschen bombardiert? Warum sollen sie interessant sein, nur weil sie vor Jahrzehnten Spitzensportler waren, weil sie in grauer Vorzeit einmal mit einem Rockstar geschlafen haben, 1961 einen Nummer-Eins-Hit hatten oder heute täglich ihre fußballgroßen Silikon-Brüste vor jede Kamera schieben? Ja, Boris, du bist auch gemeint!

Banker-Yuppies. »Outgesourct«, »outperformt« oder »doublegecheckt« – man mag das nicht verstehen, aber englische Verben deutsch zu konjugieren, ist offenbar das Äußerste, was man von coolen Young Urbans erwarten darf, wenn sie ihre Muttersprache sprechen sollen. Sie sagen auch Dinge wie »Memory-Express-Doublechance-Zertifikat«, chatten busy darüber, dass sie ihre Performance up front in einer Business-to- Business outsourcing Win-win-Situation benchmarken und sich zu diesem project comitten. Aber sure. Das haben sie eben an der *Berlin School of Economics* oder der *International University Bruchsal*/Bruchsal so gelernt.

Bearbeitungsgebühr. Wenn man im Internet ein Flugticket kauft, berechnen Billig-Anbieter gern eine »Bearbeitungsgebühr« – oder was für einen Fantasienamen sie dem auch immer geben – von -zig Euro. Das ist absurd. Schließlich hat man als Kunde ja die ganze Arbeit gemacht und der Fluggesellschaft so zahllose Angestellte erspart. Und dann soll man auch noch sein Ticket selbst ausdrucken! Würde man in einem Supermarkt einkaufen, der 20 Euro Eintritt verlangt? Im Leben nicht! Aber die Tickets sind doch sooo billig, sagen die Leute. Irgendwie muss die Fluggesellschaft ihr Geld ja verdienen. Kann schon sein. Aber man berechnet nichts für absolut nichts. Punkt.

Brennholz-Geier. Sobald Leute sich einen Kaminofen zulegen, kommt es in ihrem Kopf irgendwie zu einem Kurzschluss. Plötzlich dreht sich ihr ganzes Leben darum, möglichst billig an Brennholz zu kommen. Die aggressivsten Brennholz-Geier besorgen sich sogar beim Forstamt einen *Selbstwerberschein*, das ist eine Genehmigung, mit der sie ihr Brennholz in einem zugewiesenen Waldstück selbst holen dürfen. Sie können Tage damit verbringen, die richtigen Stämme zu finden, sie mit der eigenen Motorsäge zuzurichten, in einen Anhänger zu wuchten und nach Hause zu fahren, wo die Scheite dann in jedes freie Eckchen gestapelt oder in die Auffahrt oder Garage geworfen werden, bis man Zeit zum Stapeln hat. Brennholz-Geier wissen genauestens über die Brennwerte jeder Holzart Bescheid, und wenn sich zwei oder mehr Brennholz-Geier treffen, prahlen sie, wie wenig Öl/Gas/Fernwärme sie dank Kaminofen in der letzten Heizperiode verbraucht haben. Sie halten sich für umweltfreundlich, obwohl Holz beim Verbrennen die Umwelt viel stärker belastet als die meisten anderen Energiequellen. Vor allem aber sind sie besessen davon, Brennholz zu sparen. Manche Brennholz-Geier schieben deswegen alles Mögliche in den Ofen, druckimprägniertes Holz, bunte Werbeblättchen und vieles mehr – und halten sich immer noch für Umweltengel.

D

Darmspülungen. Der Darm ist voller Kot. Er verlässt in regelmäßigen Abständen den Körper, und wenn das geschieht, kann man sich mit einem befriedigten *Oijaja* niederlassen, still sitzen und die *ADAC Motorwelt* lesen. Danach wischt man ab, betätigt die Toilettenspülung und wäscht sich die Hände. Anschließend braucht man nur zu warten, bis man das nächste Mal muss. Gewissen Menschen aber genügt das nicht. Sie forcieren es, indem sie ihren Darm sauber spülen. Eine wahnwitzige Idee. Der Darm ist für die Aufbewahrung jenes Essens vorgesehen, das auf seiner langen Reise durch den Körper auf magische Weise zu Kot wird. Das Raffinierte daran ist, dass das absolut automatisch geschieht. Das ganze System reguliert sich selbst, man muss weder den eigenen noch anderer Leute Darm spülen. Auch, weil es praktisch unmöglich ist, dabei die *ADAC Motorwelt* zu lesen. Was eine bekackte Idee!

Die Breit-Schwarz-Tief-Fraktion – diese jungen Männer mit ihren absurd hochgetunten Autos. Es gibt vermutlich keinen statistischen Beweis für die Behauptung, dass ein sehr großer Teil der Breit-Schwarz-Tief-Fraktion, die über die Standspur brettert, Opel Corsa, Golf II oder einen alten 3er-BMW fährt. Aber es ist den Autoren dieses Buches aufgefallen, dass unter den durchgeknallten Fahrern Halter dieser Typen überrepräsentiert sind. Sie glauben wohl, sie hätten einen Sportwagen gekauft. Haben sie nicht. Sie besitzen nichts anderes als eine langweilige Familienkutsche.

Doku-Soaps. Wie viele Abwandlungen des Themas »Dicke, die abnehmen wollen« kann es auf dieser Welt geben? Offenkundig genau so viele wie zum Thema »Essen«. Dem Aufräumen von Wohnungen. Oder dem Abrichten von Hunden.

E

Eigenwerbung im Fernsehen. Spots, die für die Sendungen werben, die im Anschluss auf diesem Senders laufen, und ständig wiederholt werden. Besonders enervierend sind Textbänder, die sich in »Mein RTL« am unteren oder oberen Bildrand über die Sendung ziehen, die man sich gerade ansieht. Und obendrein mit einem *Plinggggg!* angekündigt werden. Überhaupt: Es heißt nicht »Mein« RTL! Mit so etwas will man nichts zu tun haben!

Eingebildete Cafébedienungen, die Espresso »Expresso« nennen. Jetzt hören Sie mal zu: Es kann gut sein, dass Sie sich selbst für ungeheuer *cool* halten, weil es Ihr Job ist, in einem hippen Café Kaffee zu kochen, der 3 Euro 50 die Tasse kostet, und es kann auch sein, dass Sie es darum für Ihr gutes Recht halten, Ihre Gäste – insbesondere Halbzeitmänner – leicht herablassend zu behandeln. Das alles wird aber reichlich lächerlich, wenn Sie nicht mal wissen, wie einer der häufigsten Kaffeetypen heißt. Und wo wir gerade bei Kaffee sind: Wie affig kann es noch werden, wenn Cafés anfangen, einen stinknormalen Kaffee »americano« zu nennen? Nein, ich will keinen *americano*, ich will eine Tasse normalen schwarzen Kaffee, wie wir ihn in diesem Land seit Jahrzehnten trinken. Warum, bitte, soll der plötzlich »americano« heißen? Vermutlich, um den horrenden Preis zu rechtfertigen. Aber um den Starbucks-Kaffee-Unfug haben wir uns ja schon ausführlich gekümmert!

Wo wir gerade dabei sind, wollen wir zwei weitere gastronomische Ärgernisse nicht vergessen: »Advocado«. Nein. Avocado. Das kann doch nicht so schwer sein! Und es heißt auch nicht »Rinderstiiiik«, sondern Rindersteak.

Englische Begriffe, die inzwischen überall benutzt werden. Warum heißt der Ausverkauf nicht mehr »Ausverkauf«, sondern »Sale«, warum wird die Herbstkollektion zur Autumn Collection? Warum hat die Deutsche Bahn statt einer Auskunft einen Service point? Weil Werbung von verblödeten Absolventen deutscher Wirtschaftshochschulen (wie der *International University Bruchsal*/Bruchsal) gemacht wird, die meinen, dass auf Ausländisch alles gleich viel vornehmer klingt. Auch Makler lieben Englisch. So wurde das Schlafzimmer zum master bedroom und der begehbare Schrank zum walk-in closet. Auch andere europäische Länder leiden unter der englischen Krankheit. In der südschwedischen Provinz Skåne gibt es beispielsweise ein Hotel, das sich »The Lodge« nennt und mit »Meeting less ordinary« wirbt. In deren wellness ressort kann man sich all-inclusive einmieten, dazu gehört auch ein pre-dinner cocktail. Für diese absurde Anglifizierung gibt es Beispiele ohne Ende.

Englische Berufsbezeichnungen. Früher war man Kaufmann oder Zimmermann oder Lehrer oder Buchhalter oder Ähnliches. Heute sind wir Supervisor oder Controller oder Internet-Supporter und Front-End-Entwickler und Assistant Store Manager und Account Executive und Sampler und Fundraiser und Area Sales Manager und Delegate Marketer und All Round Sales Assistant und Merchandiser und Product Marketing Manager und Technical Sales Back-up Assistant und Fast Food Support Developer. Junge Leute, die in Ihrer Tankstelle jobben und regelmäßig tiefgefrorenen Teig in den Ofen schieben, sind Bake-off-Assistenten, wahrscheinlich mit Bachelor. Der galoppierende Wahnsinn.

Entsorger. Es gibt auf den Wertstoffhöfen **Entsorger**, die ruhig und friedlich dafür sorgen, dass alles ohne Probleme läuft. Und dann gibt es die Emsigen, die herumbrüllen und den armen Verbraucher anherrschen, wenn er aus Versehen den alten Hocker in die »Bauabfälle« wirft, obwohl er in »Kontaminiertes Holz« gehört. Kriegt euch mal in den Griff!

F

Fahrgäste, die in die Straßenbahn, den Bus oder Zug drängen, bevor die Passagiere ausgestiegen sind. Gehen Sie gefälligst zur Seite, und lassen Sie die einen raus, damit die anderen hineinkönnen! An manchen Stationen hängen sogar schon Schilder mit der Aufforderung, man möge die Passagiere bitte erst aussteigen lassen. Es ist wirklich ein Zeichen grassierender Dummheit, dass so etwas überhaupt nötig ist!

Fahrgäste in öffentlichen Verkehrsmitteln, die nicht ans Fenster durchrücken. Wenn man lange Beine hat, streckt man gern die Beine in den Gang, und dafür ist der Gangplatz am besten geeignet. Wenn aber der Bus, die U-Bahn oder die Straßenbahn voll werden, muss man sich entweder zur Seite drehen und andere zum Fensterplatz durchlassen oder selbst dorthin rücken. Nicht bloß in die Luft starren und so tun, als gäbe es den Fensterplatz nicht – während andere im Gang stehen. Und um Himmels willen nicht verblüfft oder verärgert reagieren, wenn jemand fragt, ob er oder sie den Platz haben kann, den man selbst versperrt.

Fahrradfahrer, die den Helm nicht abnehmen. Es ist sehr vernünftig, beim Radeln einen Helm zu tragen. Man sieht damit zwar dämlich aus, aber solange man radelt, ist das völlig in Ordnung. Danach sollte man ihn allerdings absetzen. Es ist beispielsweise nicht sinnvoll, ihn in Geschäften aufzubehalten. Die Decke stürzt doch nicht ein. Es ist auch nicht angebracht, mit Helm im Zug zu sitzen. Und, ja, es gibt wirklich Leute, die das tun.

Fitness-Welle. Sie hält inzwischen mehrere Jahrzehnte an, ist aber noch genauso lächerlich wie zu Beginn. Statt zu Hause ein bisschen Gymnastik zu machen, zur Arbeit zu radeln, schwimmen zu gehen oder einfach den motorisierten Rasenmäher abzuschaffen, quälen sich unzählige Menschen lieber in Foltermaschinen, und das zusammen mit anderen, oft ziemlich absurd aussehenden Bodybuilder-Typen. Und von denen hat bekanntermaßen nicht jeder – wie Arnold Schwarzenegger oder angeblich auch die Klitschkos – genauso viel Hirn wie Muskelmasse.

Flechtzäune von Obi und Bauhaus. Warum müssen wir uns die ansehen? Verstecken Sie sie doch bitte hinten im Garten, wenn Sie sie so toll finden. Und noch etwas: Die werden nicht schöner, nur weil man obendrauf irgendwelche verschnörkelten Bögen montiert.

Formfleisch. Fleischabfälle sind billiger als ein ordentliches Stück Fleisch, Wasser ist billiger als Fleischabfälle. Wenn man beides zusammenpanscht, entsteht das sogenannte *Formfleisch*, das vor allem eines ist: besonders billig. Das Ganze würde aber keiner kaufen, wenn auf den Verpackungen im Supermarkt wahrheitsgemäß »mit Salzwasser aufgeblähter Fleischabfall« stünde. Also beschriften die Hersteller ihre plastikeingeschweißten Ekelhaftigkeiten mit dreisten Lügen wie »Vorderschinken nach italienischer Art aus Vorderschinkenteilen«. Genau so betrügerisch ist *Analogkäse,* in dem nicht einmal Milch drin ist. Wieso darf so etwas überhaupt noch *Schinken* oder *Käse* heißen?

G

Garantiert zähes Rindfleisch. Aus dem Fleisch von Milchkühen lassen sich keine genießbaren Steaks machen. Wir sagen das gern noch einmal: Aus dem Fleisch von Milchkühen lassen sich keine genießbaren Steaks machen. Hört also bitte auf, es uns unter irgendwelchen Namen als Steak unterzujubeln! Billige Steaks sind immer aus Milchkuhfleisch, und das ist in gebratenem Zustand ungenießbar, es sei denn, man hat ein Stahlgebiss wie der Beißer aus den Bond-Filmen *Der Spion, der mich liebte* und *Moonraker.* Wenn man eine tote Milchkuh essen will, muss man sie vorher zu Hackfleisch verarbeiten. Daraus kann man dann ein zufriedenstellendes Hacksteak oder eine sehr annehmbare Frikadelle machen. Will man dagegen ein richtiges Steak, muss das Fleisch von einem Fleischrind stammen. Manche Supermärkte kleben übrigens auf Steaks aus Fleischrindern ein Etikett »Garantiert zart«. Da sollten sie auf ihre Milchkuhsteaks aber auch ein Etikett kleben: »Garantiert zäh«.

Gartenküchen und Gartenwhirlpools sind zwei Begleiterscheinungen der Freiluft-Ära. Wir leben in einem Land, in dem es nicht immer so warm ist, wie wir es gern hätten, und die meisten von uns besitzen eine funktionierende Küche. Warum muss man alles verkomplizieren, indem man im Garten kocht? Noch schlimmer sind diese Gartenwhirlpools. Eine monströse Badewanne, die aus unerfindlichen Gründen neben Gartenküche, Terrassenstrahler und sonstigem Kram mit auf die Terrasse soll. Dort beansprucht sie den Platz, der früher Blumen und Büschen vorbehalten war. Wer ein so großes Bedürfnis nach einem Bad im Freien hat, soll doch einfach den Gartenschlauch nehmen.

Golfschläger-Aufkleber hinten auf dem Auto. Viele Halbzeitmänner spielen gern Golf. Das ist ihre Sache. Aber viele dieser mittelalten Männer kleben zusätzlich einen etwa 15 Zentimeter großen, verchromten Golfschläger hinten auf ihr Auto. Mit dem fahren sie dann durch die Gegend. Warum? Warum muss ich wissen, dass der vor mir Golf spielt? Mitzuteilen, dass man Arzt ist, wäre ja vernünftig (was aber keiner mehr tut, aus Angst, dass es Autodiebe anlockt), aber wozu die Information, dass jemand Golf spielt? Entschuldigung, ist ein Golfspieler anwesend? Es gibt nur eine Art, diese 15 Zentimeter großen, verchromten Schläger loszuwerden: Man muss das Gerücht verbreiten, dass sie Autodiebe anlocken.

H

»Haben die Möglichkeit«. Diese Formulierung wird konsequent da benutzt, wo »können« genügen würde. Mittags »haben die Schüler die Möglichkeit«, etwas zu essen zu kaufen. Was ist mit dem guten alten Wort »können« passiert?

Man bekommt »die Möglichkeit« zu allem Möglichen, und immer wieder »gibt es Gelegenheit«, dieses und jenes zu tun. Wie war das noch gleich mit »können«? Dieses Wort ist knapp und elegant; »Die Schüler können Essen kaufen.« Und: Es besteht die Möglichkeit, es zu benutzen.

Hackbraten ist ein Gericht, das zum Glück im Aussterben begriffen ist. Denn gibt es etwas Unappetitlicheres als gekochtes Hackfleisch? Fleisch, das nicht dazu taugte, eine vernünftige Mahlzeit zu werden und das darum zerlegt, zerhackt und danach gekocht wird, bis noch das letzte bisschen Geschmack ausgemerzt ist …

Halogenbirnen Warum bloß kann man keine Halogenbirnchen herstellen, die sich beim ersten Versuch einsetzen lassen? Wer ist dafür verantwortlich, dass man mit ihnen stundenlang herumstochert und am besten promovierter Gynäkologe ist, um sie in die eingebauten Spot-Leuchten hineinzupfriemeln? Nicht genug damit, dass die Fassung praktisch unsichtbar ist, die sitzt nämlich grundsätzlich so dämlich, dass man einen Spiegel braucht, um sie (vielleicht) zu entdecken. Man muss die Birne auch noch mit einem Stück Papier umfassen, weil sie sonst kaputtgeht. Die Birnenhersteller machen sich bestimmt vor Lachen in die Hose, wenn sie sich vorstellen, wie rund um den Globus Männer im besten Alter – denn aus irgendeinem Grund ist so etwas immer *unsere* Aufgabe – mit Halogenbirne, Lesebrille, Make-up-Spiegel und einem Stück Papier herumfummeln, um eine ihrer verdammten Birnen einzusetzen.

Handwerker und Telefonmonteure, die sagen, dass sie zwischen 8 und 17 Uhr bei Ihnen sein werden. Nun gut. Sie nehmen sich also einen ganzen Tag frei und warten auf den Dienstleister, nur damit er dann um 16 Uhr 50 anruft und sagt, dass er es heute doch nicht schafft. Oder er kommt um 12 Uhr, setzt sich aber erst mal in seinen Lieferwagen und macht bis 12 Uhr 30 Mittag. Dann kommt er herein, sieht sich das Problem an, seufzt und teilt Ihnen mit, er müsse in die Firma zurück, um ein bestimmtes Dingens zu holen, ohne das er mit der Arbeit nicht weiterkommt. Um 15 Uhr 30 ist er wieder da und stellt als Erstes fest, dass das Dingens, das er mitgebracht hat, nicht das richtige ist. Ein guter Rat von einem erfahrenen Fuchs: Kommt der Handwerker beim ersten Termin zu spät, suchen Sie sich sofort einen anderen, und das selbst dann, wenn er eine wirklich gute Erklärung hat: »Ich konnte das Startkabel für meinen Wagen nicht finden.« »Bei uns in der Firma sind so viele krank.« »Im Elbtunnel war Stau.« Wer sich mit einem Handwerker einlässt, der beim ersten Mal zu spät kommt, lässt sich sehenden Auges auch auf eine Problemlawine ein.

Handynutzer. Die Zugfahrt von Frankfurt nach München zieht sich unangenehm hin, wenn die Sitznachbarin jede Minute Reisezeit nutzt, um Verwandte, Freunde und Bekannte anzurufen und ihnen zu erzählen, dass ihr Hund Augenentzündung hat. Oder denken Sie nur an Teenies, die in der S-Bahn einen halbstündigen Bericht abliefern, wer wann was zu Camilla gesagt hat und warum »ich wirklich finde, dass Niklas mich nicht respektiert« und wer ein Looser und wer ein Spasti und wer echt krass cool ist. »Halt's Maul!« Wir verweisen in diesem Zusammenhang auf die großartige und würdevoll gealterte Berliner Band Die Ärzte: »Das sind Dinge, von denen ich gar nichts wissen will.«

Harte Avocados. »Avocado« ist ein aztekisches Wort, das Testikel bedeutet. Was sehr gut passt, denn die meisten Lebensmittelgeschäfte gehen einem ausgerechnet mit ihrem Avocadoangebot auf den Sack. Die dänischen Gemüsehändler sind wohl die einzigen auf der Welt, die ihre Lehrlinge bei der Abschlussprüfung durchfallen lassen, wenn sie zu Avocados befragt werden und antworten, der Kunde hätte sie gern reif, da der Sinn eines Avocadokaufs vermutlich der sei, die Früchte zu essen. »Möchten Sie vielleicht noch ein paar Avocados mitnehmen, junge Frau?« »Ja, sehr gern. Aber sie sind doch hoffentlich steinhart, oder?« Bananen werden doch auch reif verkauft. Meistens zumindest.

Hundebesitzer, die ihre Hunde küssen. Lecker, vor allem wenn man bedenkt, wie gern Hunde die Hinterteile ihrer Artgenossen beschnüffeln und ablecken.

Hundebesitzer, die mit ihren Hunden in Babysprache sprechen. Dem Tier ist das vermutlich egal, für uns allerdings ist es unerträglich. Wenn Leute sich einen Hund anschaffen, gerät in ihrem Kopf offensichtlich etwas durcheinander, ein Teil ihres Gehirns wird abgekoppelt. Nur so lässt sich erklären, dass sie ihren Köter für hochintelligent halten, nur weil sie ihm beibringen konnten, die Pfote auszustrecken, wenn er einen Hundekeks will.

Lecker, vor allem wenn man bedenkt, wie gern Hunde die Hinterteile ihrer Artgenossen beschnüffeln und ablecken.

Hundebesitzer, die meinen, die Vorschrift »Hunde sind an der Leine zu führen« gelte nicht für ihren Hund, denn der ist doch so lieb. Das sind auch jene Hundebesitzer, die gebetsmühlenartig »der macht nichts, er freut sich nur, Sie zu sehen« sagen, wenn ihr verdammter freilaufender Köter arglose Fußgänger anspringt, die die Tierliebe des Hundebesitzers nicht zwingend teilen.

I

»Ich bin ganz bei Ihnen«. So, so, Sie sind also bei mir. Und was heißt das jetzt? Bedeutet es: »Ich verstehe, was Sie sagen?« Meint es: »Ich bin ganz Ihrer Meinung?« Oder vielleicht bloß »ja«? Sie reden irgendwie so kraus, als seien Sie nicht ganz bei sich. Auch ärgerlich: Die neuerdings immer gern genommene Antwort »gern« auf praktisch jede Frage dieser Welt. »Darf ich Ihnen eine scheuern?« »Gern!« Das können Sie gern weglassen. Sehr gern sogar!

In Form geschnittene Buchsbäume. Warum glauben manche Hauseigentümer, ein in Pudelform geschnittener Buchsbaum sei eine Zierde ihres Vorgartens? Wir wissen es nicht. Aber irgendetwas muss bei ihnen schiefgelaufen sein.

Insekten. Bienen sind toll, weil sie Honig herstellen können. Und sie stechen nicht so oft. Wespen hingegen krabbeln in die Limonade der Kinder, in Marmeladen, in alles Mögliche. Über Wespen kann man sich, wie generell über Insekten, ständig ärgern und so richtig aufregen. Insekten lärmen, stechen, bohren Löcher in Möbel und tun auch sonst lauter Dinge, die nicht im Geringsten witzig sind. Spinnen sind technisch gesehen keine Insekten, aber auch sie sind ärgerlich, weil man immer dann herbeistürzen und sie wegmachen soll, wenn man gerade mit etwas anderem beschäftigt ist. Oder auf dem Sofa liegt.

J

»Ja, also.« Manche Leute beginnen jede Antwort mit »Ja, also«. »Wie ging es bei dem Vorstellungsgespräch?« »Ja, also, das ging richtig gut.« »Dann hast du Chancen, den Job zu bekommen?« »Ja, also, das hängt ja von so vielem ab.« Ja, also. Also, nee.

Jacob-Jensen-Sachen. Der dänische Designer Jacob Jensen hat früher einmal viel für Bang & Olufsen entworfen. Das war zu Zeiten, als man noch kein Ölscheich sein musste, um sich eines ihrer Produkte leisten zu können. Damals war alles, was Jacob Jensen entwarf, flach, aus Aluminium und hatte schräge Fronten. So ist es noch heute. Wenn Jacob Jensen eine Toilettenbürste designt, wird sie flach, aus Aluminium und bekommt eine schräge Front. Wenn die Firma Jacob Jensen Design einen Fußball entwerfen soll, wird er flach, aus Aluminium und bekommt eine schräge Front. Also, nee.

K

Kellner, die ihre Fürsorge übertreiben. Je eleganter das Restaurant, umso anstrengender die Kellner. Sie wollen einem die ganze Zeit erzählen, was man isst, wie es zubereitet wurde, auf welcher Wiese das Rind zum Steak gegrast hat. Auch beim Wein erfahren wir, an welchem Hang die Trauben wuchsen, wann bei diesem Jahrgang wie lange welche Licht-

und Witterungsbedingungen herrschten. Es fehlt nur noch die Information, wie viele Kinder der Winzer hat, wie alt sie sind und wie sie heißen. Seid doch endlich still, und lasst uns beim Essen in Ruhe!

Kram von Butlers und Das Depot. Die Ehefrau des Halbzeitmannes geht gern in Läden wie Butlers und Das Depot, um *süße Gläser* und *wirklich süßes* Was-auch-immer zu kaufen, das kein Mensch braucht. Manche Gegenstände sind so himmelschreiend idiotisch, dass sie schon wieder lustig sind. Eine Erdbeerzange zum Herausziehen des Stiels zum Beispiel. Wenn die wenigstens noch elektrisch wäre und sich auch für Nasenhaare verwenden ließe! Andere Dinge sind nicht nur idiotisch, sondern obendrein grottenhässlich. Zum Beispiel merkwürdige Emaillekacheln mit Sternzeichen und kryptischen Texten. Sternzeichen wurden natürlich als Motiv gewählt, weil die Hersteller meinen, dass Trottel dann alle zwölf kaufen. Wer, um Himmels willen, gibt für solchen Schrott Geld aus?

König Winter, Der Stiefel, Stadt der Liebe und ähnliche Floskeln in den Medien. Es sollte ein Gesetz dafür geben, dass allen Journalisten, die Italien »der Stiefel« nennen, der Hintern mit Zuckerwatte versohlt wird. Und zwar in aller Öffentlichkeit. Ähnlich Schlimmes soll all jenen widerfahren, die von »König Winter« oder der »Stadt der Liebe« faseln. Nennt das »Italien«, »Winter« und »Paris«. So heißt das nämlich! Unterlasst bitte auch Überschriften wie »BMW verliert an Fahrt« oder »Müller-Brot-Insolvenz – Alles versemmelt«. Noch etwas: »Dr. Eisenfaust« heißt Vitali Klitschko. Pardon:

Dr. Vitali Klitschko. Und wir wissen schon, seit er 17 war, dass der Leimener aus Leimen kommt.

L

»Lernen« und »lehren«. Es gibt noch Menschen in Deutschland, die den Unterschied zwischen »lernen« und »lehren« kennen und ihn beim Reden sogar beherzigen. Sie gehören allerdings zu einer rasant aussterbenden Minderheit. Sie zucken zusammen, wenn sie »Der Lehrer hat mich das gelernt« hören. Der Lehrer heißt »Lehrer«, weil er lehrt. Aber, ach: Wir kämpfen auf verlorenem Posten.

M

Männer, die an den eigenartigsten Stellen pissen. Es kann gut sein, dass Sie, wie wir, ein Mann im mittleren Alter sind, der plötzlich dringend mal muss. Aber darum brauchen Sie nicht in Ihren eigenen oder anderer Leute Garten zu pissen, in dem gerade ein Gartenfest stattfindet. Reißen Sie sich zusammen! Gehen Sie zur Toilette, Mann. Und waschen Sie sich gefälligst die Hände, bevor Sie in die Schale mit den Erdnüssen greifen.

Mangel an Damentoiletten. Halbzeitmänner vergeuden Ewigkeiten ihrer kostbaren Zeit damit, auf ihre Frauen zu warten, die – im Theater, bei einem Konzert, im Restaurant und so weiter – Schlange stehen müssen, um zu pinkeln. Schon allein deswegen ist es ein Skandal, dass es nicht genug Damentoiletten gibt. Bei den Männern gibt es nie eine Schlange. »Aber es gibt genauso viele Damen- wie Herrentoiletten«, sagen die Architekten. Ja das ist ja das Problem! Ihr müsst doppelt so viele Damentoiletten bauen. Dreimal

Gehen Sie zur Toilette, Mann. Und waschen Sie sich gefälligst die Hände, bevor Sie in die Schale mit den Erdnüssen greifen.

so viele! Darf sich einer *Stararchitekt* nennen, der nicht in der Lage ist, ein so einfaches Problem wie ausreichend Damentoiletten zu lösen? Sicher nicht. Wir brauchen einfach mehr Architektinnen.

Marktforschungsinstitute, die um 21 Uhr 20 anrufen und wissen wollen, was wir von kalt gepresstem Olivenöl halten. Über Jahrtausende haben wir gelernt, dass wir stolz sein können, wenn unsere Umwelt sich für uns interessiert. Uns wurde auch eingebläut, dass wir unseren Mitmenschen helfen sollen. Das wissen skrupellose Marktforscher, darum rufen sie uns mit dämlichen Fragen an. Und dann hört man sich tatsächlich sagen, dass man selbstverständlich fünf Minuten Zeit habe, um einige Fragen zu beantworten. Lassen Sie es bleiben. Man hat die Pflicht, bei Gericht als Zeuge auszusagen, man hat die Pflicht, sich einem Polizisten gegenüber auszuweisen. Aber es gibt keine Pflicht, sich dazu zu äußern, ob man irische oder deutsche Butter lieber mag, und welche der »zwanzig Marken kalt gepresstes Olivenöl, die ich Ihnen nun vorlesen werde«, Sie wiedererkennen.

Maßnahmen ergreifen. Besonders beliebte Formulierung bei Politikern und Behörden. Soll wohl entschiedener klingen als Sätze mit schlichten deutschen Verben wie »tun«, »handeln« oder »veranlassen«.

Meckerheinis. Ja, okay, zu denen gehören wir selbst. Aber gerade darum haben wir die besten Voraussetzungen, um über das ewige Meckern anderer zu meckern. Vor allem natürlich über die, die gleich schon einmal prophylaktisch motzen. Die den Mund aufmachen und sich als Erstes aufregen. In der Bäckerei: »Sie haben natürlich keine Nussschnecken mehr. Die sind ja um diese Tageszeit immer schon ausverkauft.« Herrje, dann komm halt früher, wenn diese Nussschnecken so wichtig sind. Oder an der Bushaltestelle: »Er soll in zwei Minuten kommen, aber er hat bestimmt Verspätung. Er hat immer Verspätung!« Kannst du mit dem Motzen nicht einfach warten, bis er wirklich zu spät ist!

Medienberater, manchmal auch »Spindoctor« genannt, haben nur eine Funktion: Sie sollen dafür sorgen, dass Minister/Bürgermeister/Bundestagsabgeordnete einen besseren Eindruck machen, als eigentlich gerechtfertigt ist. Sie sind die Gebrauchtwagenhändler der Politik. Entweder sollen sie die Aufmerksamkeit der Journalisten von Peinlichkeiten ablenken, oder sie sollen Positives im Tun und Lassen ihrer Auftragsgeber aufblähen. Wozu brauchen wir sie? Früher riefen Journalisten, die mit einem Minister einen Termin vereinbaren wollten, einfach in seinem Vorzimmer an. Ob das klappte oder nicht, hing nur von den Terminen des Ministers ab. Heute müssen alle Fragen dem Medienberater vorgelegt werden, der dann oft Bedingungen stellt. »Der Minister kommt nur in die Talkshow, wenn auch der und der eingeladen/nicht eingeladen wird.« »Die Ministerin steht für ein Interview nur zur Verfügung, wenn sie sich auch zu ihren Reformvorschlägen für XYZ äußern kann.« Und die Damen und Herren Journalisten lassen sich am Nasenring durch die Manege führen, statt zu antworten: »Richten Sie dem Minister aus, dass er uns am Arsch lecken kann.« Sowohl Medienberater wie Politiker beteuern natürlich, dass sie auf diese Weise den Kontakt zwischen Presse und Politik verbessern. Und sie wissen genau, dass das eine Lüge ist.

Meinungsumfragen im Internet. Mehrere Tageszeitungen haben auf ihrer Internetseite lächerliche Meinungsumfragen, die sich meist auf den jeweiligen Aufmacher der Zeitung beziehen und bei denen die Antworten völlig eindeutig sind. Ein schlechter Schönheitschirurg hat beispielsweise eine Patientin operiert, die danach aussieht wie nichts Gutes. Die Frage auf der Website lautet nun: »Sollte die Arbeit von Schönheitschirurgen schärfer kontrolliert werden?« Öh. Nein. In einer Artikelserie geht es darum, dass Zahnbehandlungen in einigen osteuropäischen und asiatischen Ländern angeblich viel billiger sind als hierzulande. »Ist der Zahnarztbesuch bei uns zu teuer?«, wird nun gefragt. Öh. Nein. Irgendwelche Gewerkschafter haben sich insgeheim rasante Gehaltserhöhungen genehmigt. »Sollen Gewerkschaftsbosse frei über das Geld der Mitglieder verfügen dürfen?«, ist die intelligente Frage dazu. Öh. Ja. Da gibt es nur eins: Auf »ja« klicken. Frei! Verfügen! Sollten die Zeitungen aber je auf die Idee kommen Sie zu fragen, ob Sie künftig auf solche lächerlichen Meinungsumfragen verzichten möchten, müssen Sie unbedingt ganz ehrlich antworten.

N

Nachnamen, die jedem zweiten Satz angehängt werden. 1861 erfand der Deutsche Philipp Reis das Telefon. Nein, es wurde nicht 1876 von Alexander Graham Bell erfunden. Nur damit *das* mal gesagt ist. Aber weder Reis noch Bell hätten sich in ihren wildesten Fantasien vorstellen können, dass diese Erfindung dazu missbraucht werden würde, wildfremde Menschen anzurufen und sie mit ihrem eigenen Nachnamen zu bombardieren, damit sie eine Fernsehzeitschrift abonnieren oder eine Hausratsversicherung abschließen. Reis und Bell würden sich schämen, wenn sie wüssten, was sie da auf die Menschheit losgelassen haben. »Herr Reis, Sie bekommen drei Nummern der Zeitschrift *Eckiger Flachbildschirm*, und das, lieber Herr Reis, für nur 15 Euro 40! Für nur 15 Euro 40, Herr Reis!« »Und die Versicherung, Herr Bell, deckt auch alle Schäden an Ihrem Telefon, Herr Bell, falls der Blitz in die Leitung schlägt.«

Nippes und Zierkissen Was sollen wir *damit*? Es ist nicht zu fassen, wie viel unbrauchbaren Nippes es gibt. Gehen Sie einmal in ein Haushaltswarengeschäft – Sie finden sich in einem Schreckenskabinett mit lauter Abwegigkeiten wieder, die ein Vermögen kosten, weil »Georg Jensen« oder »Alessi« oder »Porsche Design« draufsteht. Angeboten werden aufwendige Haltevorrichtungen für alles vom Handy bis zur Lesebrille, man bekommt Design-Wetterstationen, die man an die Wand hängen kann – wer braucht überhaupt solche Stationen, wenn sämtliche Fernsehkanäle quasi nonstop Wetterberichte senden? Etwa eine Million Dingens, die um, in oder unter Weinflaschen gehören, sollen verhindern, dass Wein auf den Tisch tropft. Es gibt eine riesige Auswahl an Parkscheiben, raffiniert designt, batteriebetrieben und mit integrierter Uhr, zu absurd hohen Preisen – wenn man bedenkt, dass man bei jedem Autohändler eine einfache und diskrete Parkscheibe umsonst bekommt. Besonders schlimm wird es, wenn einem so etwas zu Weihnachten oder zum Geburtstag geschenkt wird und man dann auch noch dankbar dreinschauen muss. Das wollen wir nicht! *(Die Autoren sind in diesem Punkt uneinig. Ich finde elektronische Parkscheiben cool. B. S.)*

O

Öko-Lebensmittel sind reine Placebos. Die meisten Produkte versprechen den Kunden ein besseres und gesünderes Leben, kaum eine Branche wirft so mit Floskeln und Versprechen um sich wie Hersteller und Verkäufer von Öko-, Bio- und Reformkost. Außer vielleicht noch Immobilienmakler. In den Regalen der Öko-Läden stehen Extrakte so ziemlich jeder

Pflanze, und es sprengt regelmäßig die Vorstellungskraft, wie ungeheuer sie den Körper stärken, wie großartig Sie dieses und jenes ins harmonische Gleichgewicht bringt. Das Einzige, was sie mit Sicherheit stärken, sind allerdings die Gewinne der Hersteller.

Orchideen. Ungewöhnlich hässliche Blumen, die außerdem unangenehm riechen. Bloß wurden Orchideen zu etwas Exklusivem erhoben. Daher sind viele der irrigen Meinung, sie seien das ideale Geschenk für eine Gastgeberin. Die Gastgeberinnen mögen diese Meinung vielleicht sogar teilen, aber wer denkt eigentlich an die Gastgeber, die diese durch und durch uncharmanten Pflanzen hassen.

P

Piercing. Möglicherweise gibt es eine vernünftige Erklärung dafür, warum vor allem junge Menschen meinen, sie müssten sich in Augenbrauen, Nasen, Ohren, Nabel, Brustwarzen, Geschlechtsorgane und andere Stellen ihres Körpers Metallringe, Nieten und sonst was hineinmontieren. Wir zumindest haben von dieser Erklärung noch nichts mitbekommen. Man muss lange suchen, bis man einen Modetrend findet, der noch abstoßender ist. Das Deprimierendste daran ist, dass die Gepiercten offenbar überhaupt nicht begreifen, dass der Tag kommen könnte, an dem sie nicht mehr als wandelnde Werbung für die Eisenwarenbranche herumlaufen wollen. Und wenn sie sich eines Tages dieses ganze Metall dann doch entfernen lassen, werden sie ihr ganzes restliches Leben lang die Narben behalten.

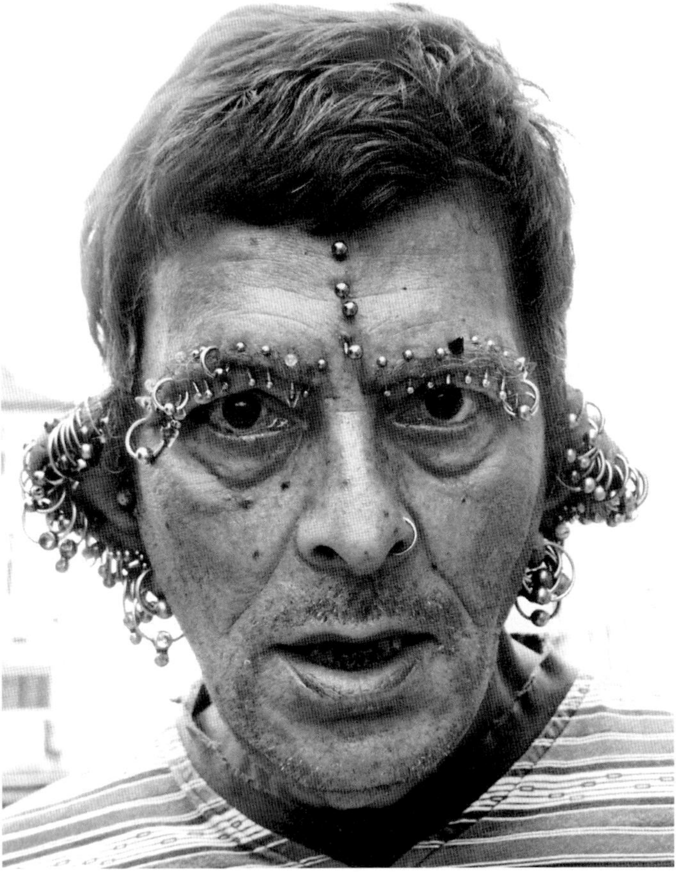

Es ist zutiefst deprimierend, dass die Gepiercten offenbar überhaupt nicht begreifen, dass der Tag kommen könnte, an dem sie nicht mehr als wandelnde Werbung für die Eisenwarenbranche herumlaufen wollen.

Präsens, durchgängig benutzt. Die meisten Sprachen, so auch das Deutsche, konjugieren Verben: Neben *ich lese* (Gegenwart) gibt es die Vergangenheitsformen *ich las, ich habe gelesen* und *ich hatte gelesen,* auch erste, zweite und dritte Vergangenheit oder Präteritum, Perfekt, Plusquamperfekt genannt. Dies bereichert die Sprache, weil man so nicht nur ausdrücken kann, was geschieht, sondern auch, wann etwas geschieht, geschah, geschehen ist, geschehen war. Sehr praktisch. Aus unerfindlichen Gründen benutzen Polizisten und Sportler immer nur die Gegenwartsform, und auch bei anderen wird es zunehmend üblich, vielleicht, weil es so ungeheuer aktiv klingt. Man nennt das »narratives Präsens«. »Am Donnerstag, den 19. September 1991, findet ein Ehepaar den Ötzi.« Nein, tun sie nicht.

R

Rentner, die im Weg stehen. Man sieht ihnen förmlich an, dass sie denken: »Also, jetzt bin durch die komischen kleinen Wände durch, die sie hier hinter dem Supermarkteingang haben. Jetzt kann ich erst einmal stehen bleiben und in Ruhe überlegen, was ich eigentlich einkaufen wollte.« Nein, das können Sie nicht! Es wollen auch andere ins Geschäft! Gehen Sie wenigstens ein paar Schritte weiter, damit die an Ihnen vorbeikommen. Außer Ihnen wohnen etwa 82 Millionen Menschen in diesem Land und – was für ein Wunder! – einige von ihnen wollen in genau demselben Supermarkt einkaufen wie Sie!

Rolltreppen-Amateure. Wenn man ein Brett hobelt und die Späne sich aus irgendeinem Grund im Hobel festsetzen, muss man aufhören und sie entfernen, bevor man weiterarbeiten kann. Eigentlich sollten die Hobelspäne aber oben von allein herausfallen und so für die nachfolgenden Späne Platz machen. Sonst wird das nichts. Das gleiche Prinzip gilt übrigens für Rolltreppen: Sobald man nicht mehr von der Treppe bewegt wird, muss man das selbst erledigen. Man darf nicht einfach stehen bleiben, wenn man oben oder unten angekommen ist. Die Nachkommenden geraten sonst sofort in eine Notlage: Sobald die Stufen unter ihren Füßen verschwinden, müssen sie irgendwo hin mit sich. Und zwar genau dahin, wo die Zögernden stehen. Also gehen Sie am Ende der Rolltreppe bitte zügig weiter!

Ruhezonen gibt es nicht nur in ICEs, sondern teilweise auch schon in Nahverkehrszügen und S-Bahnen. Während es durchaus sinnvoll ist, dass man in ICEs ohne Handy- und sonstigen Lärm reisen kann, ist das in S-Bahnen komplett aussichtslos. Alle paar Minuten stürmen Leute durch die »Ruhezone«, ohne nur zu ahnen, dass sie in diesem Wagen nicht laut reden sollen. Damit nicht genug. In sehr kurzen Abständen geben Lautsprecheransagen das nächste Ziel bekannt: »»In wenigen Minuten erreichen wir Kleinkleckersdorf. Bitte beachten Sie auch die örtlichen Lautsprecheransagen am Bahnsteig.« Ruhezonen in Nahverkehrszügen und S-Bahnen machen nur kleinen Polizisten Freude, denen es einen Kick gibt, andere zu maßregeln.

S

Schilder beim Bäcker, die verkehrt stehen. Brot und andere Backwaren, die an sich ja das Natürlichste der Welt sind, be-

Die Schilder stehen in aller Regel vor dem falschen Brot, sodass man von der 16-jährigen *Bakery Sales Assistant* zurechtgewiesen wird: »Meinen Sie das Katalanische Hartweizenchorizodinkelbrot?«

kommen immer absurdere Namen: Westbulgarisches Treidlerbrot, Alpenscones, Usbekische Zwölfkornhörnchen. Daher sind mache Bäckereien dazu übergegangen, Schilder neben die verschiedenen Sorten zu stellen. Das soll den Verkauf erleichtern. Bloß stehen die Schilder fast immer vor dem falschen Brot, sodass man von der 16-jährigen *Bakery Sales Assistant* zurechtgewiesen wird: »Ach, Sie meinen gar nicht das Luxemburger Dinkelhaferflockenjoghurtbrot, sondern das Katalanische Hartweizenchorizodinkelbrot?«

Schlangen an der Supermarktkasse. Es macht das Ganze nicht besser, wenn die Person, die gerade bezahlen soll, erst nach der Handtasche, dann in der Handtasche nach dem Portemonnaie und schließlich im Portemonnaie nach Geld oder Kreditkarte kramt. Sie – ja, in der Regel ist es eine *Sie* – hat vorher eigentlich lange genug in der Schlange gestanden, um Portemonnaie, Geld oder Kreditkarte zu suchen. Aber nein, das tut sie erst in dem Moment, da sie bezahlen soll.

Schlechte Reißverschlüsse. Der Preisunterschied zwischen einem guten und einem schlechten Reißverschluss beträgt im Einkauf kaum mehr als ein paar Cent. Der Kunde müsste also für einen guten Reißverschluss mit allen Aufschlägen und Mehrwertsteuer sicher höchstens dreißig oder vierzig Cent mehr bezahlen. Und wer würde für Qualität nicht gern vierzig Cent mehr berappen – für das Gefühl, etwas Solides zu haben, und das jedes Mal, wenn man einen Reißverschluss auf- und zuzieht? Das gilt übrigens auch für Fahrradteile. Rostfreie Schrauben und Muttern mögen eine Winzigkeit mehr kosten, dafür aber muss man sich nicht bei jedem Radausflug über den Rost ärgern. Fast so schlimm wie zu eng geschnittene Plastiktüten im Rewe-Supermarkt, in die nicht mal drei Milchtüten passen. Muss dieser Riesenkonzern wirklich an 0,05 Cent teurem Plastiktütenplastik sparen, um damit seine Kunden zu ärgern?

Schotter in Vorgärten. Eine Manie, die sich in vielen Wohngebieten wie ein Flächenbrand ausgebreitet hat. Alle Pflanzen werden erst dem Erdboden gleichgemacht, dann wird über den gesamten Vorgarten eine dicke Schicht Schotter verteilt. Gelegentlich bleibt Platz für ein einziges, in Pudelform geschnittenes Buchsbäumchen, mitunter wird die Schotterhölle auch mit einem Steinelefanten verziert, der in einer Baumschule oder bei Obi gekauft wurde. Wenn das Arrangement fertig ist, bezeichnen die Hausbesitzer ihren Vorgarten als »unseren japanischen Garten«. Und das ohne die geringste Ironie.

Schwarz glasierte Dachziegel. Noch etwas Furchtbares, das sich in den Wohngebieten der Republik wie ein Flächenbrand ausgebreitet hat. Meist findet man sie auf den Dächern von deplatzierten Toskanahäusern, die sich nichtsdestotrotz explosionsartig vermehren. Das Toskanahaus ist so etwas wie die immobile Entsprechung von Kindernamen wie Luca-Sandro und Emilio. Und die schwarzen Dachziegel obendrauf sind die Antwort der Dächer auf die Bildstrecken in *Schöner Wohnen* und *Landlust*: »Am liebsten würden wir ja in einem Schloss wohnen. Das können wir uns leider nicht leisten. Aber wenn wir unser Einfamilienhaus in Klein Karben mit schwarz glasierten Ziegeln decken, dann ist das fast,

»Am liebsten würden wir in einem Schloss wohnen. Das können wir uns leider nicht leisten. Aber wenn wir unser Einfamilienhaus in Klein Karben mit schwarz glasierten Ziegeln decken, ist es fast wie in einem Schloss wohnen.«

als ob wir in einem Schloss wohnen.« Falsch. Ganz falsch. Es ist platt, ordinär und verrät schlechten Geschmack. Andererseits sind viele Verkäufer wahrscheinlich sehr froh über diese schwarzen Dachziegel. Sie sind nämlich ein deutlicher Fingerzeig, wo sich Gipslöwen, Gartenwhirlpools, Solarien und Angeberautos mit Vierradantrieb an den Mann bringen lassen, die man sonst nicht so leicht loswird. Aber warum muss der Rest von uns sich vom Anblick dieser glänzenden Ziegel belästigen lassen? Ein Rat an alle, die überlegen, in ein schwarz glasiertes Ziegeldach zu investieren: Holen Sie Erkundigungen ein, für welche Preise Häuser mit moosgrünen

Badezimmern gehandelt werden. Die waren bei Leuten mit schlechtem Geschmack nämlich auch einmal groß in Mode.

Sportinterviews sollen meist nur zeigen, dass Sportler sich ganz ungeheuer angestrengt haben: »Und das Spiel, Kevin?«, kann die einleitende Frage lauten, die Antwort ist in aller Regel etwas wie: »Och ja, hm, äh … Also ich finde, wir sind gleich gut reingekommen, aber dann öh, dann war, öh, also, unsere Gegner sind auch gleich gut reingekommen, aber das, also ja, kommt ja beim Fußball/Handball mal vor.« »Und die Zukunft, Kevin?« »Och ja, hm, äh … Also, da kann man jetzt noch nicht viel sagen, also ja, das muss man dann sehen.« Sportjournalisten im Fernsehen fragen Sportler auch ständig, wie es ihnen gerade geht. Wenn sie gewonnen haben, geht es denen meist spitze. Da wäre es schon erfrischend, wenn einmal einer mal sagen würde: »Na ja, mir tut die linke Schulter etwas weh. Heute Morgen hatte ich auch Halskratzen, ich glaube, ich kriege eine Erkältung. Außerdem leide ich gerade etwas unter Analjucken.« Nicht weniger übel: Sportler (Hallo, Herr Kahn, ja, Sie sind gemeint!), die in Interviews immer von sich selbst in der dritten Person sprechen: »Man freut sich natürlich« statt »Ich habe mich gefreut«. Mann, o man!

Sportkleidung in Knallfarben. Es ist klug, sich farbig anzuziehen, so ist man im Verkehr gut sichtbar. Aber warum, bitte schön, soll man wie ein Depp aussehen, nur weil man Fahrrad fahren will? Es ist durchaus möglich, sich farbig *und* elegant zu kleiden, aber davon haben die Hersteller von Fahrradbekleidung eben keine Ahnung. In ihrer Branche herrscht anscheinend scharfe Konkurrenz, wer mit den hässlichsten Sachen die meisten Käufer anlockt. Auch die Jogginganzug-Lieferanten von Aldi und Lidl nehmen an diesem Wettbewerb teil. Lila ist an sich schon eine hässliche Farbe. Sie zusätzlich mit Türkis zu kombinieren müsste endgültig unter Strafe gestellt werden.

Stand-up-Comedians im Fernsehen. Stand-up kann sehr unterhaltend sein. Aber warum werden ganze Fernsehsender von Formaten beherrscht, in denen wenig anderes passiert, als dass Stand-up-Comedians sich gegenseitig dazu interviewen, wie unfassbar witzig sie sind? Wie wäre es stattdessen mit einem Programm, in dem Schwachstromingenieure oder Buchprüfer einander an Witzigkeit überbieten? Wie wäre es mal mit etwas Neuem, Herr Barth? Oder wie wäre es am besten mit gar nichts mehr???

Stromsparbirnen. Strom sparen ist vernünftig. Aber Stromsparbirnen machen eben nicht so hell, wie auf der Schachtel behauptet wird. Da steht »7 W = 40 W«. Oder »11 W = 60 W«. Das ist glatt gelogen. Die Birnen haben nur ein mattes Licht, und was sie beleuchten, sieht katastrophal aus. Außerdem sind sie größer als normale Birnen. Unsere Lampen sind nun einmal so groß, wie sie sind! Begreift das doch endlich! Darüber hinaus sind Stromsparbirnen teuer. Dieser Aufschlag fließt sicher voll und ganz in Werbekampagnen, die uns überzeugen sollen, dass die Birnen ein mordsmäßig tolles Licht machen und auch so klein sind, dass sie noch in die allerkleinste Lampe passen.

Süßigkeiten in Selbstbedienungsschütten gibt es vor allem in Supermärkten und Kaufhäusern. Hier kann man versonnen mit den Fingern in Lakritzstücken wühlen, an denen schon unzählige andere herumgegrabscht haben. Niemand weiß, wo *die* ihre Finger vorher hatten. Vielleicht waren unsere Vorgänger auf der Toilette und haben sich die Finger hinterher nicht gewaschen. Wenn es sich um einen Mann handelt, ist das sogar sehr wahrscheinlich. Lecker. In manchen Supermärkten kann man auch Tee oder Gewürze selbst abfüllen, die offen angeboten werden und dabei rapide an Aroma verlieren. Und dann gibt es noch all die wunderbaren Salatbars, an denen man sich bedienen darf, nachdem andere Leute hineingehustet und -geschnieft haben. Sind wir zart besaitet? Kann sein. Aber es ist doch komisch, dass Kontrolleure angeblich überwachen, dass Lebensmittel auf verantwortungsvolle Weise verarbeitet und gelagert werden, und dann stillschweigend hinnehmen, dass ebendiese Lebensmittel offen angeboten werden – völlig ungeschützt gegen Körperabsonderungen der unterschiedlichsten Art.

T

Tätowierungen waren früher nur etwas für Seeleute und Leute, die mit einem Zirkus oder einer Kirmes umherreisten. Inzwischen erfreuen sie sich großer Beliebtheit in allen Gesellschaftsschichten. Die Tätowierwilligen haben offenbar gemeinsam, dass sie mit ihrer Haut unzufrieden sind. »Wie langweilig die aussieht! Die ist doch tatsächlich einfarbig! Ich muss sie sofort mit einem feuerspeienden Drachen verzieren!« Frauen scheint besonders der untere Rücken Kummer zu bereiten, denn sie lassen sich direkt über dem Hintern gern ein breites Schmuckband stechen, das aus leicht ersichtlichen Gründen den Kosenamen »Arschgeweih« bekommen hat. Wer eine Tätowierung hat, findet oft, dass er (oder sie) eine zweite braucht. Und dann eine dritte, eine vierte ... Einige werden tätowierungssüchtig und sehen zum Schluss aus wie ein wandelnder Teppich von Bayeux. Auch Sport im Fernsehen kann man kaum mehr gucken, weil bei Großveranstaltungen wie Fußball-EM oder Olympia offenbar reisende Tätowierer unterwegs sind, die alle anwesenden Sportler von oben bis unten zustechen, wenn sie sich nicht rechtzeitig wehren.

Terrassenstrahler sind zum großen Freizeithit geworden. Von einem Tag auf den anderen hielten sie zusammen mit den Weber Grills auf den Terrassen des Landes Einzug, offenbar kann mittlerweile niemand mehr ohne diese klobigen Apparate leben. »So ein Terrassenstrahler ist wunderbar, damit können wir viel länger draußen sitzen.« Wenn Sie unbedingt draußen sitzen müssen, obwohl es dazu eigentlich zu kalt ist, ziehen Sie sich einen Pullover an! Oder gehen Sie gleich rein.

Trampoline stehen in praktisch jedem Garten, der einer Familie mit Kindern gehört. »Das Springen ist gesund für die Kinder, sie bewegen sich, und es ist gut für ihre Motorik.« Stimmt. Es befördert allerdings auch unzählige Kinder in die Notaufnahme, belastet die Kniegelenke unnötig und zwingt die Nachbarn, ganze Nachmittage lang das Plärren und Kreischen zu ertragen, mit dem die Kleinen jeden Sprung untermalen. Und wenn das schon sein muss, dann ölt eure Teile wenigstens! Oder spielt gleich Quietsch-Volleyball!

Thuja. Auch »Lebensbaum« genannt. Diese immergrüne Pflanze sollte auf die Liste der gebietsfremden invasiven Arten gesetzt werden, die es mit allen Mitteln zu bekämpfen gilt. Sehr verbreitet ist sie auf Friedhöfen und in Reihenhaussiedlungen, weil Hausbesitzer gern das ganze Jahr auf etwas Grünes gucken wollen. Aber Thuja-Hecken sind hässlich. Außerdem sind sie hochgiftig, schon die Berührung kann Hautreizungen verursachen. Also nichts wie weg damit!

U

Unverständliche Computer-Fragen. Sollen inaktive Desktopelemente gelöscht werden?, fragt der Computer plötzlich. Woher soll man das wissen? Die Computerindustrie hat Milliarden verdient, aber offensichtlich keinen Cent dafür ausgegeben, einmal einen ihrer Techniker und einen normalen Computerbenutzer zusammen vor einen PC zu setzen. Das liefe dann so: Wenn der Computer eine Meldung anzeigt, die der Benutzer nicht versteht, sagt er das, und dann geht der Techniker nach Hause und sorgt dafür, dass der Computer keinen Unsinn mehr von sich gibt. Stattdessen ist es der Computerindustrie gelungen, den Menschen einzureden, dass es an ihnen liegt, wenn sie diesen Quatsch nicht verstehen. Das ist grundfalsch! Computerhersteller haben die Verantwortung, ordentliche Produkte zu fertigen.

V

Venedig in der Touristensaison ist in etwa so charmant wie Rüdesheim an einem Sommerwochenende. Es herrscht Lärm, Zirkus und Gedränge; die Preise in den Cafés und Restaurants sind so astronomisch, dass man Italiener sein muss, um sie aussprechen zu können, ohne nervöse Zuckungen zu bekommen.

Verkäufer, die ihren Beruf nicht ausüben. Man muss die Waren kennen, die man verkauft, sonst kann man die Kunden nicht beraten. Es reicht nicht, das vorzulesen, was hinten auf der Packung steht, das hat der Kunde schon getan, bevor er gefragt hat. Und weil er da nicht gefunden hat, was er wissen will, fragt er den Verkäufer! Von Angestellten, die an der Kasse sitzen, erwartet man kein Detailwissen über das Sortiment. Sie dürfen aber zu erkennen geben, dass sie sprechen können, indem sie dem Kunden wenigstens den fälligen Betrag nennen. Der steht zwar auf dem Display der Kasse, aber das ist ein Service für Touristen, die »vierundsiebzigdreiundneunzig« einfach nicht verstehen. Sie als Kassierer und Kassiererin sollen – halten Sie sich fest! – den Kunden *sagen*, für wie viel sie gerade eingekauft haben! Die Kunden werden nicht vermuten, dass Sie sie anbaggern wollen, selbst wenn Sie noch etwas wie »Hallo«, »Guten Tag« oder »Danke« sagen. Und es ist nicht in Ordnung, mit der Kollegin an der Nebenkasse Privatgespräche zu führen, während Kunden Waren aufs Band legen oder darauf warten, bezahlen zu können!

Verkäufer, die ihren Beruf zu sehr ausüben. Das kommt selten vor, doch wenn es vorkommt, kann es ausgesprochen anstrengend sein. Man bekommt dann nachträglich das Gefühl, dass man für die Waren zu viel bezahlt hat. Oft endet das alles mit »Auf Wiedersehen – und weiter einen schönen Tag«. *Weiter* einen schönen Tag? Wieso *weiter*? Was wissen Sie denn darüber, wie mein Tag bisher war?

Verkäufer, die sagen: »Wenn wir es haben, muss es da drüben sein« und dann in eine vage Richtung deuten. Der Kunde kommt in den Laden, um etwas zu kaufen. Das hat für den Verkäufer die erfreuliche Nebenwirkung, dass er Geld ausgibt, von dem die Mitarbeiter des Geschäftes entlohnt werden. Das ist einer der Gründe, warum man einem Kunden nicht sagen sollte, dass er sich seinen Kram gefälligst selbst suchen kann. Der andere ist, dass es Professionalität beweist, wenn man mit dem Kunden mitgeht und ihn aktiv beim Suchen unterstützt. Auf diese Weise hebt ein Geschäft sich angenehm von der Konkurrenz ab, und es ist sogar gut für den Angestellten, denn seine Arbeit bekommt plötzlich einen Sinn.

VIP. Kaum ein zweiter Begriff wird so oft so falsch benutzt wie *VIP*. An allen möglichen Orten kann man einen »VIP-Service« bekommen, und zwar nicht, weil man sehr berühmt oder wichtig wäre, sondern weil man schlicht mehr bezahlt. »VIP-Service« in einem Hotel heißt also im Klartext, dass auf dem Zimmer ein Schälchen Schokolade und eine Piccoloflasche billiger Sekt stehen. Auf eines kann man sich verlassen: »VIP« bedeutet grundsätzlich, dass man für etwas extra bezahlt, was man überhaupt nicht haben will.

W

Wartezeit in der Apotheke. Früher einmal mussten Apotheker Wirkstoffe zusammenmischen, die ein Arzt detailliert und unleserlich auf ein Rezept gekritzelt hatte. Oder sie mussten in einem großen Glas nach Blutegeln und Ähnlichem fischen. So etwas machen Apothekenangestellte heute nicht mehr. Auf dem Rezept steht der Name des Medikaments, auf der Medikamentenschachtel der Name des Präparats. Selbstverständlich muss man sorgfältig prüfen, dass kein Fehler passiert und das Falsche über die Theke geht. Aber wie kann das eine Viertelstunde dauern? Oder ist man hier einfach nicht auf überraschenden Kundenbesuch eingestellt?

Wellness-Manie. Sie hat um sich gegriffen wie eine Masernepidemie. Wir sollen uns Kopf und Hintern und alles dazwischen verhätscheln lassen. Wir sollen uns mit ätherischen Ölen einschmieren und massieren lassen, in Salzlake und im Whirlpool herumliegen – man kommt regelrecht in Stress bei alldem, was man tun muss, damit es einem gutgeht. Jedes Hotel, das etwas auf sich hält, hat einen Wellness-Fitness-Beauty-Bereich, und auch zu Hause, so ganz privat, wollen wir ständig Wellness. Kaum ist die neue Familienküche in Buche massiv mit Kochinsel und Thekenlösung eingebaut, ist die nächste Investition eine große und hässliche Whirlpool-Wanne, die das halbe Badezimmer ausfüllt. In den Siebziger- und Achtzigerjahren mussten wir noch alle unbedingt Saunen haben. Jetzt sind also Sprudelbäder dran.

Werbung im Briefkasten. Egal, was man auf seinen Briefkasten klebt, ob *Bitte keine Werbung* oder *Werbung und kostenlose Zeitungen unerwünscht* – man kriegt sie doch. Könnt ihr alle nicht lesen? Wir wollen euren Kram nicht!

»Wie ich zu sagen pflege« Diese Formulierung ist bei Leuten beliebt, die sich als reflektierte, philosophisch veranlagte Menschen präsentieren wollen. Dumm ist nur, dass das, was sie »zu sagen pflegen«, meist seit Jahrhunderten bekannt ist. Ihre Weisheiten sind Banalitäten von der Art: »Wie ich zu sagen pflege: Es ist noch nicht aller Tage Abend.«

Z

Zeitnah. Was ist das denn für ein affiges neues Wort? Wann ist »zeitnah«? Und was ist so verkehrt an »möglichst bald«, »so schnell wie möglich« oder »umgehend«?

Zeugen Jehovas. »Dürfen wir mit Ihnen über Jesus sprechen?« Diese Frage bliebe den Zeugen Jehovas erspart, wenn sie Aufkleber an die Haushalte verschicken würden, die sie zu besuchen gedenken. Man könnte an die Wohnungstür oder den Briefkasten diesen »Zeugen Jehovas, ja danke, sehr gern, bitte treten Sie näher«-Zettel kleben und *dann* dürften sie klingeln. Anderenfalls können sie sich verziehen.

NOCH MEHR GRUND ZUR AUFREGUNG

Blöden-Rechtschreibung und Deppen-Apostroph

Hervorragend aufregen kann man sich auch, wenn man bestohlen wurde. Und uns wurde in den letzten Jahrzehnten wirklich vieles weggenommen, das uns hoch und heilig war! Den Kommunismus als lieb gewonnenes Feindbild, das Testbild im Fernsehen, die roten Zahnbelag-Tabletten, den Eckball, der nichts einbrachte, Rudi Carell, den Michel aus Lönneberga, Kulenkampff, die FDP, das Gard-Haarstudio, Rex Gildo, Nächte ohne Harndrang. Auch unser gutes altes Nokia, unser Röhrenfernseher und unsere Chromdioxid-Kassetten zählen zu den Verlusten. Ebenso der Glaube an den IQ von Boris Becker, den Bierwärmer, Alfons Schuhbeck und das Vertrauen in Jogi Löw einschließlich des EM-Titels 2008, des WM-Titels 2010 sowie des EM-Titels 2012. Und das Space Shuttle, Lesen ohne Brille, Edmund Stoiber und die Hitparaden-Oma.

Demnächst verschwinden hoffentlich Dieter Bohlen sowie vor allem Markus Lanz und Christine Neubauer aus unserem Leben. Nur Michael Schumacher war immer da, ist immer da, und wird immer da sein – bis zu dem Tag, an dem die Erde aufhört, sich zu drehen.

(Anmerkung von Mady Riehl, der legendären *Dalli Dalli*-

Ordnungshüterin: »Einen Schuhbeck müssen wir abziehen.« Und laut Brigitte Xander macht das in Schilling 403 850 Schilling, falls Sie sich noch an die lustige ehemalige Alpenwährung erinnern.)

Einer der schwersten Verluste ereilte die »Generation Käfer«, also quasi den Vorgänger der »Generation Golf«, allerdings im Jahre 41 nach dem Kriege, also 1996. Da wurde die neue deutsche Rechtschreibung eingeführt und forderte zahlreiche Opfer. Viele nennen sie deshalb auch nicht »neue deutsche Rechtschreibung«, sondern »neue deutsche Schlechtschreibung«. Dem Känguru kam das »h« abhanden, genau wie den Spagetti (jedem Italiener graust). Himmel hilf, hoffentlich zumindest ohne Känguru- oder gar Gämsen-Fleisch. Wenigstens die Kuh durfte ihr h behalten und wurde nicht um ein sattes Drittel zur platzeffizienten Ku amputiert, die nicht mehr muht, sondern mut. Das macht uns immerhin etwas Mut.

Am schlimmsten für den mittelalten Rechtschreib-Traditionalisten sind die sinnentstellenden Änderungen. Der Mann, zum Beispiel, der seine Flamme vielsagend anschmachtet: »Ich will dich wieder sehen«. Offensichtlich ist er blind – oder handelt es sich hier um einen bloß sehnsüchtigen, aber nichtsdestotrotz sehend Verliebten? Die neue deutsche Rechtschreibung verrät es uns nicht. Wenigstens bleibt der einzigartige Yesterday-Man Paul McCartney einzigartig, und verwandelt sich nicht in den »einzig artigen« Ex-Beatle, damit ist schon viel gewonnen. Yeah yeah yeah!

Und die gewissenlose, weit mehr als mittelalte Dame, die sich laut einer Münchner Zeitung trotz bereits einsetzender Verwesung nicht davon abhalten ließ, ihr Auto zu entern und Unheil anzurichten – sie war dann doch bloß ein Rechtschreibfehler: »Frau tot gefahren und geflüchtet.«

Kein Bestandteil der reformierten Schlechtschreibung ist dagegen eine weitere Geißel des mittelalten Mannes: der Deppen-Apostroph. In freier Wildbahn, hat der Halbzeitmann festgestellt, vermehrt er sich neuerdings karnickelgleich wie die schwarz-grün karierte Beulenpest in den hygienisch mangelhaften Pissoirs des späten Frühmittelalters. Geradezu tragische Beispiele sind Uschi's Coiffeurstudio VorHair – NachHair, Jupp's Trinkhalle oder auch Lisa's Klamottenlad'l, in dem Jean's für Kid's zum Verkauf s'tehen, aber ausschließlich montag's bis freitag's, aber nie samstag's. Denn samstag's hat Lisa immer ihren Termin bei Cindy's Naildesign.

In den Sechzigern und Siebzigern, da war die Welt noch wunderbar frei von solchen Katapostrophen, sonst hätten die Beatles mutmaß'lich Beatle's geheißen, die Rolling Stones Rolling Stone's, und Dieter Thomas Heck Dieter Thoma's Heck, und das nicht einmal wohl verdient. Grundregel für alle orthografiegeschwächten Cindy's und Jupp's dieser Welt: Wenn ein Geschäft Andreas Laden heißt, gehört es Andrea. Wenn das Geschäft Andreas' Laden heißt, ist Andreas der stolze Besitzer. Und wenn Andrea's Laden am Eingang steht, ist höchste Vorsicht geboten. Denn dann will man Sie vermutlich mit völlig überteuerten Jean's für Kid's über den Tisch ziehen. Wochentag's, aber auch samstag's.

Auch You, mein Zone Brutus

Sehr strange am Leben as middleolder Man ist natürlich auch, dass heute alles auf English is.

Das hat es früher nicht gegeben. Früher hat man bei der Post einen Telefonanschluss beantragt, manchmal wurde er sogar bewilligt, und dann konnte man schon nach wenigen Monaten telefonieren, womöglich sogar am neuartigen und für teures Geld gemieteten Tastentelefon, dem heutigen PushbuttonPhone.

Heute allerdings gibt's die Post nicht mehr, außer als Shop-in-Shop im Paperstore around the corner, dem ehemaligen Schreibwarenladen um die Ecke. Stattdessen haben wir es heute mit der Telekom zu tun sowie mit Tea Mobile, dem beweglichen Kamillentee. Dort haben Sie die freie Wahl: Sie bekommen dort jedes Produkt, Hauptsache, es ist auf English.

Telefonieren können Sie zum Beispiel mit Tarifen wie Call Time oder TellySmile. Billig ins Ortsnetz kommen Sie mit XXL local, günstig ins Ausland mit CountrySelect. Und fürs Internet bieten sie dsl flat max oder dsl flat classic an, die Sparprogramme für Speedfreaks und Poweruser. Von aktuellen Angeboten wie Switch & Profit, web'n'walk oder HappyDigits ganz zu schweigen. Eigentlich gibt es fast nichts, was es nicht gibt, bei Deutscher Telekom und T-Mobile Deutschland. Außer Deutsch. Außer Angeboten in einer Sprache, die auch Middleold-Kunden kapieren.

Hier zur Orientierung einige zentrale Telekom-Products und what they really mean.

– T-Pay (T-Bezahlen): Angebot zum Bezahlen im Internet

– HappyDigits CallingCard (Glückliche-Punkte-Anrufkarte): Telefonkarte im Rahmen eines Bonusprogramms

– HotSpot by call (heißer Punkt nach Anruf): Angebot zur mobilen Internet-Nutzung– Relax 100 Student (entspannen 100 Student): Studenten-Tarif

– Relax Holiday (entspannen Urlaub): Tarif fürs Telefonieren im Urlaub

– Relax Local (entspannen örtlich): Tarif fürs Telefonieren in bestimmte Ortsnetze

– XtraGo (zusätzlich gehen): Tarif für Tagsüber-Wenigtelefonierer

– XtraClever (zusätzlich schlau): Option mit Gutschriften für eingehende Anrufe

– Cash & Go (Bargeld und gehen): Option zum Aufladen von Handy-Karten

– WorldClass (Weltklasse): Tarif fürs Telefonieren aus dem Ausland

– CombiCard Relax (kombinierte Karte entspannen): Option mit zwei Telefonkarten für einen Vertrag

– Push to Talk (drücken, um zu sprechen): Option für eine Funkgeräte-Funktion am Handy

Es ist great, ist nicht es? Imaginnen Sie sich mal, also stellen Sie sich vor, dass die British Telekom das genauso macht und ihre Products plötzlich nur noch auf Deutsch benennt (»entspannen 100 Student«). Heia, da käme schnell der Call aus dem Buckingham-Palast von der Corgi-Besitzerin, dass es so ja auch nicht geht.

Aber die Telekom ist nicht allein mit ihrer Sprachpanscherei. Gehen Sie einfach mal zum Fußball! Früher hieß so ein Stadion ja Glückauf-Kampfbahn. Oder Volksparkstadion. Heute würden die gleichen Sportstätten GoHappy Arena oder PeoplePark Dome heißen.

Besonders spaßig ist in diesem Zusammenhang ein Besuch der Allianz Arena in München, des direkt neben einem Müllberg notgelandeten UFO-Schlauchboots des FC Bavaria Munich. Die Allianz Arena ist nicht nur das schönste Stadion der Welt. Sie ist auch das lustigste Stadion der Welt – zumindest für Freunde des gepflegten Denglish.

Die können sich nämlich herrlich darüber amüsieren, dass der Arena-Taxistand hier nicht »Arena-Taxistand« heißt, sondern »Taxi Drop Off Zone«. Schöner Gedanke, wie ein grantiger Münchner Taxler einen japanischen Fahrgast dort mit den Worten »So, do samma an da Täxidropoffzone, schau, dass'd Land g'winnst, Chinäs'« aus seinem »Täxi« verscheucht.

Von der Taxi Drop Off Zone gelangt der Japaner mit nur wenigen Schritten zur Welcome Zone West. Das »Zone« in »Wellkam Soun West« ist im Übrigen dringend Englisch auszusprechen – so wie alle »Zones« in der Arena, von der man sich gar nicht sicher sein kann, ob es sich nicht in Wahrheit um eine verkappte »Älliänz Äriina« handelt. Schade, dass keine Kultur stattfindet in der Arena. Shakespeare wäre klasse, Julius Cäsar: »Auch You, mein Zone Brutus!«

Beim Betreten der Welcome Zone West muss man schon wieder schmunzeln. War nicht im November 1989 die ganze Bundesrepublik eine gigantische »Welcome Zone West«? Begrüßungsgeld gibt es an der Arena aber keines, ganz im Gegenteil.

Fast so really funny wie die Taxi Drop Off Zone sind all

die Fan Canyons, Lounges, Hospitality Areas, Business Seats und Power-Rasens der Äriina. Außerdem gibt es die »Arena One GmbH«, die das Catering organisiert. Und die »Arena Payment GmbH«, die sich darum bemüht, dass der Arena-Besucher ausschließlich bargeldlos und somit cashfree sein Bargeld loose wird, per »Arena Card«. Wer damit zahlen will in einer der Lounges, ruft einfach: »Resi, Payment!«

Wie herrlich, dass man seine Kinder zum Englisch-Lernen nicht mehr nach Chicago, sondern einfach nach Fröttmaning bei München schicken kann. Lustig ist übrigens, dass man seine VIP Card nicht nur beim Betreten der Lounges von einer elektrischen »Lounge Control« scannen lassen muss, sondern auch beim Verlassen. Damit soll vollautomatisch verhindert werden, dass Rest-VIPs beim Schließen in der Lounge vergessen werden, vor allem in den Toiletten. Wenn 603 VIPs die Lounge betreten, aber nur 602 sie wieder verlassen haben, dann muss irgendwo noch ein VIP herumliegen. Im Münchner Olympiastadion gab es dieses hilfreiche System nicht. Wahrscheinlich traten sich dort die vergessenen VIPs einfach im Teppichboden fest, über all die Jahre.

Der hippe Begriff »Markenwelt« für den Arena-Supermarkt gefällt ebenfalls. Das hätte eigentlich auch der Post einfallen können, als neue Bezeichnung für muffige Dorfpostämter. Markenwelt. Und warum bietet der FC Bayern nicht eine neue Vereins-Autobiografie an: *Der lange Weg von Untergiesing nach Merchandising.*

Nach dem Besuch der Markenwelt und des Megastores strebt der Besucher über die Eskapade, pardon, Esplanade vor der Arena wieder dem Parkhaus entgegen. Zu Hause sollten Sie dann unbedingt noch im Lexikon nachschauen, was

Esplanade eigentlich bedeutet: »Freier Platz, breite Straße. Esplanade ist auch die Bezeichnung eines Kulturzentrums in Singapur, das in der Architektur einer Durian (Stinkefrucht) ähnelt.«

Hier schließt sich dann der Kreis zu Mittelfinger-Freund Stefan Effenberg sowie zur Müllkippe Großlappen, die sich, wie wir wissen, in unmittelbarer Nachbarschaft der Äriina befindet.

Der Teuro

Von vielem musste der September-Mann in den letzten Jahren und Jahrzehnten Abschied nehmen, und bisweilen wehrt er sich ebenso tapfer wie hartnäckig gegen die nächste Zumutung. Zum Beispiel gegen den Euro, den schamlosen Preistreiber. Man erkennt den mittelalten Mann deshalb nicht nur an zunehmenden Falten und abnehmendem Haupthaar, sondern auch am verzweifelten Nachrechnen im Geschäft, vor allem dann, wenn es teuer wird.

Der Herbstzeitlose beim Autohändler: »100 000 Mark für einen VW Golf – geht's noch? Ich will EINEN Volkswagen kaufen, und nicht den Volkswagen-Konzern!« Der Mittelalte, sich im Schuhgeschäft theatralisch das Resthaar raufend: »300 Mark für ein Paar Schuhe – dafür bin ich früher in Urlaub gefahren!« Der schnappatmende Halbzeitmann im Möbelladen: »1200 Mark für eine Couch, die spinnen wohl! Für das Geld habe ich früher ein ganzes Wohnzimmer eingerichtet. Und das Kinderzimmer dazu!«

Aus heutiger Sicht ist kaum mehr zu fassen, wie billig

früher alles war, bevor 2002 der Euro kam. Vor allem, wenn man den Euro-Mark-Umrechnungen des mittelalten Mannes Glauben schenken darf. Eine Maß Bier auf der Wiesn kostet heute rund 20 Mark – früher will er dort für 2 Mark sein Bier bekommen haben. Das Päckchen Zigaretten damals – 1,20 Mark! Heute wollen sie 10 Mark dafür! 10 Mark für zwanzig Zigaretten!!! Hier muss ein Irrtum vorliegen: Der Halbzeitmann will ein Päckchen Zigaretten kaufen, und keine Tabakplantage!

Und erst das Benzin! Einmal Volltanken macht heute knapp 200 Mark, so viel kosteten laut Mr. Mittelalter früher gut erhaltene Gebrauchtwagen – und zwar mit vollem Tank, mit dem man dann für 300 Mark 14 Tage lang in den Urlaub nach Lignano fahren konnte.

Okay, ganz wenige Sachen waren früher auch teurer. Zum Beispiel Fernseher. Begeistert schleppt so der Halbzeitmann heute seinen monströs großen Flachbildfernseher für 700 Mark aus dem Elektromarkt, der früher sicher 2500 Mark gekostet hätte, wenn es ihn denn gegeben hätte. Von Euro-Jammern in diesem Fall keine Spur. Unser mittelalter Freund verfügt bei Bedarf eben über seine sehr selektive Wahrnehmung.

Was natürlich genauso für seine Erinnerungen an die früheren Preise gilt. ER glaubt, dass der Liter Benzin noch 1991 nur 60 Pfennig gekostet hat, in Wahrheit handelt es sich dabei eher um den Preis aus dem Jahr 1961. Damals kostete die Wiesn-Maß auch tatsächlich 2 Mark, allerdings war der mittelalte Mann damals noch mit Kaba und Spezi getränketechnisch ausgelastet.

Aber: Das Mark-Umrechnen peppt das Einkaufserlebnis kräftig auf und bringt den Kreislauf in Schwung. Und es ist ein kostengünstiges Vergnügen, das der deutsche mittelalte Mann seinen Altersgenossen in anderen Ländern voraushat. Der dänische Mann im besten Alter, der im Dänischen so wunderbar »halvgammel mand« heißt, hat immer seine Krone behalten, was soll er da groß umrechnen? Der Gammel-Däne – er weiß gar nicht, was ihm entgeht.

Der Gammel-Österreicher hat es auch nicht leicht. Während wir in Deutschland mit einem übersichtlichen Mark-Euro-Wechselkurs von etwa 2:1 gesegnet sind, der das Rechnen und das Ärgern schön übersichtlich macht, liegt das Schilling-Euro-Verhältnis bei 13,7603:1. Bis man da beim Nachrechnen zu einem Ergebnis kommt, sind die Preise ja schon wieder gestiegen. Noch schlechter hat's der mittelalte »Isch habe gar keine Glatze«-Italiener getroffen. Der Wechselkurs von der Lira zum Euro liegt bei 1936,27:1, Mamma Mia, das kann ja kein Mensch ohne Taschenrechner umrechnen! Der Gammlo-Italiener denkt deshalb gar nicht erst über die skandalös überhöhten Preise der heutigen modernen Zeit nach, sondern wirft seine Ex-Lira mit vollen Händen aus dem Fenster, was die Wirtschaft kurzfristig ankurbelt. Aber weil die Regierung ebenso keine Lust aufs 1936,27:1-Umrechnen hat, explodieren die Schulden, und schon ist die Euro-Krise da.

So gesehen dient das hartnäckige Umrechnen von Euro in die gute alte Mark wohl auch der Stabilität der deutschen Volkswirtschaft.

Wobei es der mittelalte deutsche Mann im Zweifel immer noch leichter hat als die gleichaltrige deutsche Frau. Die anbetungswürdige Hamburger Deern Ina Müller, gegenüber den Reizen des jüngeren, knackigeren Mannes immer aufgeschlossen, berichtet uns, dass einer ihrer Verflossenen Mark hieß. Mark scheint in Sachen Körperbau und Verstand an der Grenze der Perfektion agiert zu haben, jedenfalls wurde Frau Müller mit den Nachfolgern gar nicht recht glücklich. Sie rechnet auf jeden Fall immer noch in Mark um.

»Jetzt hab' ich Jens, und der ist auch ganz O.K., ich freu' mich auch immer, wenn ich ihn mal seh'. Doch ganz egal, was der Jens mit mir tut, ich denk' jedes Mal, mit Mark war's doppelt so gut. Ich weiß, das soll man ja nicht, das ist albern und dumm, doch ich rechne noch immer in Mark um.«

Fazit, liebe Halbzeitmänner: Rechnen Sie gern weiterhin in Mark um, es stärkt die deutsche Wirtschaft! Aber bandeln Sie niemals mit einer Frau an, die Gleiches tut!

BESCHWEREN SIE SICH!

Am 15. Februar 1951 war Gertrude Moreaux aus New York mit ihrer Geduld am Ende. Ganze fünf Monate lang hatte sie darauf gewartet, aus der Reinigung zwei Wollmäntel – einen schwarzen und einen grauen – zurückzubekommen. Aber Plaza Cleaners auf der Columbus Avenue konnten ihr nie sagen, wann die Sachen fertig sein würden. Sie rief an, sie schrieb, sie ging immer wieder zur Reinigung – alles vergeblich. Später wandte sie sich an die örtliche Handelskammer, aber auch deren Eingreifen konnte die bemerkenswert widerspenstige Reinigung nicht zu einer Antwort bewegen.

Da setzte sich die inzwischen wütende Frau Moreaux hin und schrieb einen Beschwerdebrief an den New Yorker Bürgermeister Vincent Impellitteri. Er müsse sich eingreifen. Es könne doch nicht in seinem Sinne sein, dass er Bürgermeister einer Stadt war, deren Bürger ihre Mäntel nicht aus der Reinigung zurückbekamen!

Ich habe jetzt wirklich den Eindruck, Herr Bürgermeister Impelliteri [sic], dass diese arrogante Schulterzucken-und-außerdem-zur-Hölle-mit-den-Kunden-Einstellung, die Plaza Cleaners an den Tag legen, wenn es darum geht, auf Nachfragen zum mangelnden Vermögen des Geschäftes – trotz des Vorzeigens entsprechender Einlieferungszettel seitens des Kunden –, die fraglichen Kleidungsstücke herauszugeben, die ihnen im Hinblick auf eine Reinigung anvertraut wurden, einzugehen, einen völligen Mangel an Verantwortungsgefühl gegenüber den Kunden dieser unserer so großartigen Stadt enthüllt!

(aus: Matthew Bakkom [Hg.]: *The New York City Museum of Complaint*, 2009)

Was der Bürgermeister antwortete, wissen wir leider nicht. Aber Gertrud Moreaux' Beispiel sollte jedem Halbzeitmann, der den Drang verspürt, sich zu beschweren, als Inspiration dienen. Sie gab nicht auf. Sie ging bis ganz oben. Sie verlangte, dass etwas passierte.

Zum Glück ist es seit 1951 viel einfacher geworden, sich zu beschweren. Ob in Dänemark, in Deutschland oder international, überall finden sich zahllose Institutionen, an die man sich als Verbraucher oder Bürger wenden kann – mit einer guten Chance, Recht zu bekommen! Warum sollen schließlich nur Familienangehörige, Freunde und Kollegen an der Klagefreudigkeit des mittelalten Mannes teilhaben?

In diesem Buch finden Sie eine Liste deutscher Beschwerdestellen. Sie sollten auch daran denken, dass unablässig weitere ins Leben gerufen werden. Außerdem richten immer mehr Unternehmen interne Anlaufstellen ein, andere beschäftigen eigens Kunden-Ombudsleute, die sich der Beanstandungen annehmen.

Und es gibt eine lange Reihe sehr spezialisierter Instanzen, beispielsweise die Beschwerdekommission der Finanzmarktaufsicht Liechtenstein, die Beschwerdestelle der Verbraucherzentrale gegen wettbewerbswidriges Verhalten, die

Schlichtungsstelle der Sächsischen Landesapothekerkammer oder die Schlichtungsstelle der Innung für das Kraftfahrzeuggewerbe Geilenkirchen-Heinsberg-Jülich und Erkelenz. Dieses Buch hat leider nur Platz für Einrichtungen, die von den Autoren als wirklich wichtig eingestuft wurden. Sollten Sie die Auswahl beanstanden wollen, können Sie sich direkt an den Heyne Verlag wenden, das Kontaktformular finden Sie hier: http://www.randomhouse.de/randomhousecontact.jsp?men=508#formular.

Auch international gibt es an der Meckerfront gute Neuigkeiten. Will man sich grenzüberschreitend zu Wort melden, kann man das mit dem »Formblatt für Verbraucherbeschwerden« tun. Sie finden es auf der Seite http://ec.europa.eu/consumers/redress/compl/index_en.htm und zwar in allen Sprachen der Europäischen Union.

Wohin man das Formular schicken soll, steht da allerdings nicht. Dafür wird man aber auf Seite eins – in Fettdruck! – von der EU-Kommission darauf hingewiesen, dass das Formblatt »keinesfalls an die EK geschickt werden darf, da diese keine Möglichkeit hat, in Streitigkeiten dieser Art einzugreifen«. Wer diese Möglichkeit hat, erfahren wir ebenfalls nicht. Daher ist es eine gute Idee, sich beim Europäischen Verbraucherzentrum Deutschland Beistand zu holen. Näheres hier: http://www.evz.de/UNIQ132681943524354/doc1A.html

Vielleicht möchten Sie sich über die Entscheidung einer Behörde beklagen. Zum Beispiel über das Finanzamt? Da sähe der Beschwerdeweg so aus: Gegen einzelne Mitarbeiter legt man eine Dienstaufsichtsbeschwerde ein. Zuständig ist hier der Amtsleiter, um dessen Fehler wiederum müssen sich die Oberfinanzdirektion oder das Landesfinanzministerium kümmern. Wollen Sie Entscheidungen des Landesfinanzministeriums bemängeln, müssen Sie sich direkt an Ihren Landtagsabgeordneten wenden. Und Beschwerden gegen das Bundeszentralamt für Steuern bearbeitet schließlich das Bundesfinanzministerium. (Quelle: http://www.finanzfrage.net/frage/kann-man-sich-irgendwo-ueber-das-finanzamt-beschweren)

1

FORMBLATT FÜR VERBRAUCHER-BESCHWERDEN

Ggf. hier Stempel der Stelle aufdrucken, die dem Verbraucher die Benutzung dieses Formblatts empfohlen hat

Dieses Formblatt wurde von den Dienststellen der Europäischen Kommission erstellt und darf von den Benutzern nicht verändert werden. Die Verwendung des Formblatts soll die Kommunikation Dialog zwischen Verbrauchern und Gewerbetreibenden verbessern, damit es, falls irgend möglich, zu einer gütlichen Einigung in bezug auf die Probleme kommt, die bei verschiedenen Geschäftsabschlüssen auftreten können. Das Formblatt ist in allen Sprachen der Europäischen Union erhältlich (http://ec.europa.eu/consumers/redress/compl/index_en.htm) **!! Das Formblatt darf keinesfalls an die EK geschickt werden, da diese keine Möglichkeit hat, in Streitigkeiten dieser Art einzugreifen.**

ANGABEN ZU DEN PARTEIEN

Beschwerde eingereicht von:	Gegen:
Name:	Name:
Anschrift: Straße, Nr.:	Anschrift: Straße, Nr.:
Postleitzahl + Ort:	Postleitzahl + Ort:
Land:	Land:
Tel.:	Tel.:
Fax:	Fax:
E-mail:	E-mail:
Eingereicht im Namen von*:	Weitere Angaben:

** Nur ausfüllen, wenn die Beschwerde von einem Dritten und nicht vom Verbraucher selber eingereicht wird. Der Verbraucher sollte unter seinem Namen unterschreiben.*

BENUTZUNGSHINWEISE

- *Damit die Angelegenheit und die Forderung möglichst genau eingeordnet werden können, bietet dieses Formblatt auf jede Frage mehrere Antwortmöglichkeiten. Bitte wählen Sie die am besten auf Ihren Fall zutreffende(n) Antwort(en) und ergänzen Sie diese ggf. durch weitere Angaben in den dafür vorgesehenen Feldern.*
- *Es wird empfohlen, dem Formblatt **Abschriften** aussagefähiger **Belege** beizufügen und das Formblatt **per Einschreiben mit Rückschein oder auf eine andere geeignete Art, die einen Zustellnachweis ermöglicht,** zu versenden und selbst ein Exemplar zu behalten.*
- *Der Beschwerdeführer sollte dem Gewerbetreibenden eine angemessene Antwortfrist (von mindestens 15 Tagen) einräumen. Die Antwort des Gewerbetreibenden sollte dem Beschwerdeführer durch Rücksendung des vollständigen Formblatts übermittelt werden. Daraufhin sollte der Verbraucher dem Gewerbetreibenden den Antwortschein (Seite 4) zustellen.*

ACHTUNG:** **Die meisten einzelstaatlichen Rechtsvorschriften sehen eine Frist vor, nach deren Ablauf der Verbraucher seinen Anspruch auf dem Rechtsweg nicht mehr geltend machen kann. Diese Verjährungsfrist ist mitunter recht kurz, insbesondere beim Kauf von Waren. Ob die Verwendung dieses Formblatts zu einer Aussetzung der Frist führt oder nicht, richtet sich nach den jeweils geltenden Rechtsvorschriften.

Formblatt für Verbraucherbeschwerden

2

BESCHWERDE DES VERBRAUCHERS

I. BESCHWERDEGRUND

Datum des Auftretens des Problems/der Probleme: (Tag/Monat/Jahr): / /

Bitte angeben, ob Problem erstmals oder wiederholt aufgetreten ist:

Problem:

1 ☐ Ware nicht geliefert
2 ☐ Dienstleistung nicht/teilweise erbracht
3 ☐ Lieferung verzögert
4 ☐ Verzögerte Erbringung der Dienstleistung
Dauer der Verzögerung:
5 ☐ Ware fehlerhaft
6 ☐ Erbrachte Dienstleistung weist Mängel auf
Beschreibung der Mängel:
7 ☐ Ware entspricht nicht Bestellung
8 ☐ Ware/Dienstleistung nicht bestellt
9 ☐ Erlittene Schäden
10 ☐ Garantieleistung verweigert
11 ☐ Verkauf verweigert
12 ☐ Erbringung der Dienstleistung verweigert
13 ☐ Marketingmethoden
14 ☐ Fehlinformation
15 ☐ Unzureichende Information
16 ☐ Zahlungsweise
17 ☐ Preis
18 ☐ Nachträgliche Preiserhöhung
19 ☐ Zusätzliche Unkosten
20 ☐ Ungerechtfertigte Kosten/Inrechnungstellung
21 ☐ Vertragsbedingungen
22 ☐ Vertragliche Sicherung
23 ☐ Unrichtige Bewertung des Schadens
24 ☐ Schadenersatzzahlung verweigert
25 ☐ Unzureichende Entschädigung
26 ☐ Vertrag abgeändert
27 ☐ Vertrag nicht ordnungsgemäß erfüllt
28 ☐ Vertrag annulliert/gelöst
29 ☐ Dienstleistung storniert
30 ☐ Rückzahlung Darlehen
31 ☐ Geforderte Zinsen
32 ☐ Nichteinhaltung einer Verpflichtung
33 ☐ Weitere zweckdienliche
34 ☐ Sonstige Schwierigkeit(en):

II. ERLÄUTERUNG DES SACHVERHALTS

(Bitte Tag und Ort des Kaufs oder der Vertragsunterzeichnung angeben, betreffende Ware oder Dienstleistung beschreiben, Preis und Zahlungsweise angeben und/oder sonstige zweckdienliche Angaben zur Beurteilung Ihrer Beschwerde hier einsetzen):

III. FORDERUNGEN DES VERBRAUCHERS

Anspruch auf:

35 ☐ Lieferung der Ware oder Erbringung der Dienstleistung
36 ☐ Reparatur der Ware oder Nachbesserung der Dienstleistung
37 ☐ Umtausch der Ware
38 ☐ Rückgängigmachung des Kaufs
39 ☐ Inanspruchnahme der Garantie
40 ☐ Erfüllung der eingegangenen Verpflichtungen
41 ☐ Vertragsabschluss
42 ☐ Kündigung/Auflösung/Rücktritt vom Vertrag
43 ☐ Annullierung einer Rechnung
44 ☐ Bereitstellung von Informationen
45 ☐ Nachbesserung der Schadensbewertung
46 ☐ Zahlung von Schadenersatz in Höhe von:
47 ☐ Erstattung der geleisteten Anzahlung in Höhe von:
48 ☐ Erstattung sonstiger Zahlungen in Höhe von:
49 ☐ Preisnachlaß in Höhe von:
50 ☐ Änderung der Zahlungsbedingungen
51 ☐ Weitere zweckdienliche Angaben:
52 ☐ Sonstige Forderung:

WO MAN SICH BESCHWEREN KANN

→ SAMMLUNG VON BESCHWERDEBRIEFEN
http://de.reclabox.com/

→ BESCHWERDE IM DEUTSCHEN RECHT
http://de.wikipedia.org/wiki/Beschwerde_(Deutsches_Recht)

→ ÜBER DAS INTERNET BESCHWEREN
http://www.internet-beschwerdestelle.de/

→ BESCHWERDEMÖGLICHKEITEN IM NETZ

Deutsche Post | Kontakt & Hilfe | Reklamationen und Beschwerden
https://www.deutschepost.de/dpag/multiapps?xmlFile=1 011 279&lang=de_DE&skin=hi&check=yes&APP.anliegen=reklamationen

Ryanair – Kontakt zum Kundenservice
http://www.ryanair.com/de/fragen/kontakt-zum-kundenservice

Reiseschiedsstelle – Schlichtungsstelle für Online-Reisen
http://www.reiseschiedsstelle.de/die-reiseschiedsstelle/

Schiedsstellen des Kfz-Gewerbes
http://www.kfz-schiedsstellen.de/

Der kostenlose Eintrag in die Robinsonliste schützt Verbraucher besser vor unangeforderten Werbesendungen und Telefonanrufen.
https://www.robinsonliste.de/

Schlichtungsstelle der Sparkassen
http://www.sparkasse.de/s_finanzgruppe/schlichtungsstelle/

Der Ombudsmann für Versicherungen
http://www.versicherungsombudsmann.de/home.html

Schlichtungsstelle Energie
zentrale Schlichtungsstelle zur außergerichtlichen Beilegung von Streitigkeiten zwischen Energieversorgungsunternehmen und Verbrauchern
http://www.schlichtungsstelle-energie.de/

Schlichtungsstelle der Rechtsanwaltschaft als neutrale Einrichtung zur Schlichtung von Streitigkeiten zwischen Mandant und Rechtsanwalt.
http://www.s-d-r.org

Gutachterkommissionen und Schlichtungsstellen bei den Ärztekammern

Bei den Landesärztekammern sind seit 1975 Gutachterkommissionen und Schlichtungsstellen eingerichtet, die als weisungsunabhängige Gremien bei Meinungsverschiedenheiten zwischen Arzt und Patient objektiv klären, ob die gesundheitliche Komplikation auf einer haftungsbegründenden ärztlichen Behandlung beruht.
http://www.bundesaerztekammer.de/page.
asp?his=2.59.5301

Zahnärzte: Schlichtungs- und Gutachterstellen
Ansprechpartner für zahnärztliche Behandlungsfehler ist die regional zuständige Zahnärztekammer. Alle Adressen hier:
http://www.tk.de/tk/behandlungsfehler/schlichtungs-und-gutachterstellen/zahnaerzte-schlichtung-und-gutachten-adressen/40356

Schlichtungsstelle der Bundesnetzagentur
Die Schlichtungsstelle ist Ihr kompetenter Ansprechpartner bei Streitigkeiten aus dem Bereich der Telekommunikation.
http://www.bundesnetzagentur.de/DE/Verbraucher/VerbraucherserviceTelekommunikation/SchlichtungInDerTelekommunikation/SchlichtungTK_node.html

VERSCHIEDENE BESCHWERDESTELLEN

Ansprechpartner der DB für Fernverkehr und BahnCard-Beschwerden (bundesweit):
DB Personenverkehr GmbH
Kundendialog
Postfach 600 749
22 207 Hamburg
Tel.: (01 805) 194 195
Fax: (01 805) 194 191
Mail: Kundendialog@bahn.de
Web: www.bahn.de/kontakt

Bei Streitigkeiten rund um den Fernverkehr mit Bus und Bahn, die BahnCard und den Flugverkehr hilft die Schlichtungsstelle Mobilität:
Schlichtungsstelle Mobilität
c/o Verkehrsclub Deutschland e.V. (VCD)
Postfach 61 02 49
10923 Berlin
Tel.: (030) 469 970 0
Fax: (030) 469 970 10

Bundesnetzagentur
Schlichtungsstelle Telekommunikation
Postfach 8001
53105 Bonn
Tel.: (0228) 14 0
Fax: (0228) 14 8872
Mail: poststelle@bnetza.de
Web: http://www.bundesnetzagentur.de

Bundesverband der deutschen Volksbanken und Raiffeisenbanken e.V. (BVR)
Kundenbeschwerdestelle
Postfach 30 92 63
10760 Berlin
Tel.: (030) 20 21 0
Fax: (030) 20 21 1900
Web: http://www.bvr.de

Bundesverband deutscher Banken e.V.
Kundenbeschwerdestelle
Postfach 040307
10062 Berlin
Tel.: (030) 1663 3166
Fax: (030) 1663 3169
Mail: ombudsmann@bdb.de
Web: www.bankenombudsmann.de

Bundesverband Öffentlicher Banken e.V. (VÖB) (auch FIN-NET Mitglied)
Kundenbeschwerdestelle
Postfach 11 02 72
10832 Berlin
Tel.: (030) 81920
Fax: (030) 81 92222
Mail: postmaster@voeb.de
Web: http://www.voeb.de

Der Online-Schlichter
Baden-Württemberg und Hessen
c/o Zentrum für Europäischen Verbraucherschutz e.V.
Bahnhofsplatz 3
77694 Kehl
Tel.: (07851) 99148 0
Fax: (07851) 99148 11
Mail: online-schlichter@cec-zev.eu
Web: http://www.online-schlichter.de

Deutsche Bundesbank (auch FIN-NET Mitglied)
Schlichtungsstelle
Postfach 11 12 32
60047 Frankfurt am Main
Tel.: (069) 23 88 0
Fax: (069) 23 88 19 19
Mail: schlichtung@bundesbank.de
Web: http://www.bundesbank.de

Gütestelle Honorar- und Vergaberecht e.V.
Viktoriastraße 28
68165 Mannheim
Tel.: (0621) 860861 0
Fax: (0621) 860861 20
Mail: kontakt@ghv-guetestelle.de
Web: www.ghv-guetestelle.de

Reiseschiedsstelle
Verband Verein zur Förderung der alternativen Streitschlichtung im Reiserecht (FaSiR)
Spichernstraße 75–77
50672 Köln
Mail: info@reiseschiedsstelle.de
Web: www.reiseschiedsstelle.de

Schlichtungsstelle der Landesbausparkassen
Schlichtungsstelle der LBS
Postfach 7448
48040 Münster
Tel.: (0180) 30 00863
Web: http://www.lbs.de/

Schlichtungsstelle für den öffentlichen Personenverkehr
Die Schlichtungsstelle für den öffentlichen Personenverkehr arbeitet sachlich unabhängig und neutral. Sie bietet ihre Dienstleistung bundesweit allen Kunden der Bahn-, Bus-, Flug- und Schiffsunternehmen an, die sich am Schlichtungsverfahren beteiligen. Für Reisende ist unsere Bearbeitung der Beschwerde kostenfrei. Die Finanzierung des Schlichtungsverfahrens erfolgt durch die Verkehrsunternehmen.
Schlichtungsstelle für den öffentlichen Personenverkehr e.V. (söp)
Fasanenstraße 81
10623 Berlin
Tel.: (030) 6449933 0
Fax: (030) 6449933 10
Mail: kontakt@soep-online.de
Web: http://www.soep-online.de

Schlichtungsstelle Nahverkehr e.V.
Mintropstraße 27
40215 Düsseldorf
Tel: (0211) 3809 346
Fax: (0211) 3809 666
Mail: info@schlichtungsstelle-nahverkehr.de
Web: http://www.schlichtungsstelle-nahverkehr.de

Verband der privaten Bausparkassen e.V. (auch FIN-NET Mitglied)
Kundenbeschwerdestelle
Postfach 30 30 79
10730 Berlin
Web: http://www.bausparkassen.de/htdocs/verbraucherinfos/verbraucher_set.htm

Versicherungsombudsmann e.V. (auch FIN-NET Mitglied)
Postfach 08 06 32
10006 Berlin
Tel.: (0180) 4 22 44 24
Fax: (0180) 4 22 44 25
Mail: beschwerde@versicherungsombudsmann.de
Web: http://www.versicherungsombudsmann.de

Zentralverband Deutsches Kraftfahrzeuggewerbe e.V.
Franz-Lohe-Strasse 21
53129 Bonn
Mail: zdk@kfzgewerbe.de
Web: http://www.kfzgewerbe.de

GEDANKEN ZU SUSHI UND DOPPELPANADE

Essen überschreitet Grenzen. Was uns am besten schmeckt, wird nach und nach zum festen Bestandteil unserer täglichen Küche, was weniger gut ankommt, verschwindet wieder und hinterlässt nur ein paar schmutzige Teller.

In den letzten Jahrzehnten haben unsere heimischen Würstchen und Schnitzel Gesellschaft vom amerikanischen Burger bekommen. Hinzu traten – aus Belgien oder Frankreich – Pommes frites, und es stellte sich bald heraus, dass die beiden mit der altbekannten Mayonnaise eine perfekte Symbiose eingehen.

Später kam aus dem Mittleren Osten der Döner. Der verschönerte nebenbei auch unser Straßenbild ganz außerordentlich, denn was kann es Schöneres geben, als einem fassgroßen Stück Fleisch dabei zuzusehen, wie es sich langsam um die eigene Achse dreht und dabei gebraten wird? Ab und zu schneiden kundige Hände einige große, kross gebratene Stücke ab und packen sie mit Salat – nicht zu viel! – und einer weißen Soße in weiches Brot. Davon kann man problemlos zwei Stück essen. Ganz problemlos.

Schlimmer ist es mit Sushi. Es ist wirklich erstaunlich, dass sich das bei uns durchgesetzt hat. Sushi ist keine modische Marotte mehr. Das verdanken wir vermutlich unseren fettphobischen Frauen.

Nicht dass wir etwas gegen Fisch hätten. Geräucherter oder gebratener Aal schmeckt großartig, und es gibt nicht viel, was paniert so fantastisch schmeckt wie Seezunge, Scholle, ja Plattfische generell – wir kommen darauf zurück. Aber warum Fisch ausgerechnet als Sushi so toll sein soll, ist uns ein echtes Rätsel.

Man wird den nagenden Verdacht nicht ganz los, dass sich der Erfinder des Sushi zu Hause in Japan totlacht bei dem Gedanken an die vielen europäischen Männer, die dank ihm ein Vermögen für Rollen aus kaltem, klebrigem Reis, Tang und rohem Fisch hinblättern dürfen, die sie dann mit Stäbchen in den Mund zu balancieren versuchen. Leise kichernd setzt er sich an den Tisch und schnappt sich etwas, das ordentlich paniert und gebraten ist.

»Panieren« leitet sich übrigens von dem französischen Wort *paner* ab, das seinerseits von *pain*, Brot, stammt. Dem

liegt das Lateinische *panis* – Brot – zugrunde. Auf Englisch heißt panieren *to bread*.

Was paniert wurde, gehört in die Pfanne. Kann es etwas Besseres geben als etwas, das paniert und gebraten wurde? Ja, das gibt es tatsächlich. Etwas, das vor dem Braten zweimal paniert wurde.

Der Vorteil des doppelten Panierens ist, neben dem Geschmack, dass die Kruste viel krosser wird als beim konventionellen Panieren. Und so wird das gemacht:

Die Fleischstücke (oder den Fisch, natürlich) erst in Ei und dann in Bröseln wenden. Etwas ruhen lassen, und anschließend noch einmal in Ei und in Bröseln wenden. Danach wird in reichlich Fett gebraten. Man kann statt Ei und Brösel auch Milch und Mehl nehmen – vor allem, wenn man Fisch braten will.

Wir hören schon Scharen von Gesundheitsfanatikern aufschreien. Uaaa, Panieren macht das Essen schrecklich fett.

Nein, macht es nicht. (Und selbst wenn. Was ist daran so schlimm?)

Das dänische Lebensmittelministerium kam 2002 in einem Bericht »Wie fett ist gebratenes Fleisch« unter anderem zu folgendem Ergebnis:

»Wenn mageres Fleisch wie z.B. Schnitzel paniert wird, enthält es nach dem Braten zwischen 7,5 und 10,5 % Fett. Im Vergleich hierzu enthalten Hacksteaks aus magerem Fleisch (8 % Fett) nach dem Braten 11,5 % Fett. Es belastet die Fettbilanz folglich nicht, wenn man panierte Schnitzel oder ähnliches paniertes mageres Fleisch wählt statt Hacksteaks aus relativ magerem Fleisch (das entspricht einem Fettgehalt von 8–10 % im rohen Fleisch).«

»Doppelt paniertes Fleisch nimmt allerdings mehr Fett auf«, fahren die Forscher fort.

Und wenn schon.

Die Experten des Lebensmittelministeriums schreiben auch: »Fleisch, das in viel Fett gebraten wird, saugt sich damit nicht wie ein Schwamm voll.«

Ätschebätsch.

Wer sagte eigentlich, dass man Sushi nicht panieren kann?

SO GEBEN SIE IHR VERBLÜFFEND UMFANGREICHES WISSEN STRATEGISCH GESCHICKT WEITER

Seien wir ehrlich: Wir Halbzeitmänner verfügen auf vielen Gebieten über ein erstaunlich großes Wissen. Wir sind geradezu verpflichtet, dieses Wissen weiterzugeben, damit andere (fast) genauso gescheit werden können, wie wir es sind. Alles andere wäre egoistisch.

Leider sind nicht alle bereit, dieses Wissen von uns anzunehmen. Vielleicht ist es Bescheidenheit, die ihnen verbietet, unsere Weisheiten in sich aufzusaugen. Vielleicht ist es auch bloß Neid auf dieses Maß an Lebensklugheit, über das wir Männer im besten Alter verfügen.

Das aber kann uns nicht anfechten. Es wäre doch Vergeudung, wenn wir unsere Erkenntnisse nicht teilen würden!

Dabei muss aber umsichtig zu Werke gegangen werden. Man sollte seinen Beitrag mit einer kleinen Einleitung beginnen, möglich sind Floskeln wie »Hast du schon einmal daran gedacht, dass man auch …«. Oder: »Ich will mich nicht einmischen, aber …«. Oder: »In deiner Lage würde ich vermutlich …« Oder: »Ich kann mich natürlich irren, bin mir allerdings ziemlich sicher, dass …«. Oder: »Ich habe die Erfahrung gemacht, dass man hier am besten …« Oder: »Entschuldige bitte, aber …«

Und nun eine kleine Auswahl jener Themen, über die wir wirklich sehr viel wissen.

Sport. Wir wissen, welche Spieler Bundestrainer Jogi Löw auswechseln sollte und welche Taktik beim Spiel im EM-Halbfinale 2012 gegen Italien zum Erfolg geführt hätte. Und im WM-Halbfinale 2010 gegen Spanien. Und im EM-Endspiel 2008 gegen Spanien. Und in allen anderen Spielen, die der schönste Bundestrainer der Welt verhühnert hat.

Verkehr. Wir wissen immer, wann man am besten überholt, blinkt, bremst, schaltet und die Fahrbahn wechselt.

Investitionen. Wir wissen, wo man sein Geld am besten anlegt.

Zinssätze. Wir wissen, wie sich die Zinsen in der nächsten Zeit entwickeln werden und natürlich auch, wann es günstig ist, variable Zinsen durch einen festen Zinssatz zu ersetzen.

Immobilienpreise. Wir wissen, dass sie bald wieder fallen/steigen werden.

Düngen im Garten. Wir haben den vollen Überblick, wie viel ein Garten wann gedüngt werden muss.

Rhododendron. Wir wissen, dass sie sauren Boden und sehr viel Wasser brauchen, die Wurzeln aber nie im Wasser stehen dürfen.

Handwerk. Wir wissen, dass der Nachbar das Fundament für seinen Carport hätte ausgießen sollen, statt nur vier Pfosten in die Erde zu rammen.

Die deutsche Sprache. Wir wissen, wie alle Wörter richtig geschrieben werden und kennen zuverlässig alle Sprichwörter.

Politik. Wir wissen, warum die letzte Verlautbarung der Regierung/der Opposition nicht besonders klug war.

Wein. Wir wissen, dass die besten Weine, die man für sein

Geld bekommen kann, aus Frankreich/Italien/Spanien/Chile/Australien kommen.

Bier. Wir kennen immer eine kleine Brauerei in Franken, die *noch* besseres Bier braut als die kleine Brauerei in Wo-auch-immer, von der unsere Freunde ihr Bier beziehen.

Schnäpse. Wir kennen auch den letzten Bergbauern im Schwarzwald, der noch einen echten Pflaumenschnaps brennt, und die Geheimadresse im Vogelsberg, wo es den besten Schlehenschnaps gibt.

Whiskey. Wir wissen, dass der irische und amerikanische *Whiskey* und der schottische *Whisky* heißt. Und wir wissen, dass Glenfiddich besser ist als Ballantine's.

Wetter. Wir können die Wolken deuten, darum wissen wir, wann das Wetter besser/schlechter wird.

Arbeitsmarktverhältnisse. Wir wissen, dass es mit Blick auf Deutschlands internationale Konkurrenzfähigkeit bei Tarifverhandlungen nur vergleichsweise bescheidene Lohnerhöhungen geben sollte – unseren eigenen Bereich natürlich ausgenommen, dessen Löhne und Gehälter erheblich unter dem bundesweiten Durchschnitt liegen.

Alles über die Sechziger-, Siebziger- und Achtzigerjahre. Wir wissen alles über die 68er, die sexuelle Revolution, die Ölkrise, die Musik, einfach alles, was in diesen Jahrzehnten passiert ist.

Autos. Wissen wir vor allem etwas über die Klassiker jener Tage, als die Autos noch eine Seele hatten und nicht alle gleich aussahen.

Motorräder. Wir wissen, dass die heutigen Motorräder Modellen aus früheren Zeiten wie Norton, Velocette, Triumph, BSA und anderen nicht das Wasser reichen können.

Wir respektieren aber die neuesten Modelle von BMW und Harley Davidson, weil ihre Wurzeln weit zurückreichen.

Benzinpreise. Wir erinnern uns noch an die Zeiten, als der Liter Benzin 54 Pfennig kostete, und wir wissen, welche Tankstelle in unserer Nähe immer das billigste Benzin hat.

Geografie. Im Gegensatz zu den jungen Leute kennen wir nicht nur die deutsche Landkarte, wir sind genauso mit der übrigen Welt vertraut, auch wenn es gelegentlich vorkommen kann, dass wir Russland »Sowjetunion« nennen.

Kartenspiel. Wir wissen immer, wie unsere Kumpels hätten spielen sollen.

HERAUSFORDERUNGEN

Es ist wirklich nicht einfach, ein Halbzeitmann zu sein.

Man versteht uns nicht immer.

Wir selbst wissen zwar, dass wir es besser wissen, aber manchmal ist es sehr schwierig, das unserer Umwelt klarzumachen, ohne gleich besserwisserisch zu wirken.

Wenn wir einen neuen Kollegen oder Chef bekommen, der zwanzig oder dreißig Jahre jünger ist als wir, ist es wichtig, souverän, großzügig und entgegenkommend zu sein. An vielen der neuen und unverbrauchten Ideen, für die er (oder sie) uns jetzt begeistern will, haben wir uns in einem langen Arbeitsleben bereits versucht. Wir wissen, dass sie nicht funktionieren. Dennoch ist es wichtig, den Vorschlägen offen zu begegnen. Denn das Schlimmste, was ein mittelalter Mann seinem eifrigen und kreativen neuen Kollegen sagen kann, ist: »Das haben wir schon probiert. Das wird nichts.« Stattdessen können wir zwischen zwei Strategien wählen: Die relativ ehrliche, dann sind wir entgegenkommend und sagen:

»Diese Idee klingt sehr vielversprechend. Wir haben in den Achtzigern etwas Ähnliches versucht, aber seither hat sich ja viel geändert.«

Wenn der neue Kollege hinreichend helle ist, wird er fragen, wie das denn damals lief. Hier ist es wichtig, offen zu sein: »Bitte nageln Sie mich nicht darauf fest, aber wenn ich mich richtig erinnere, gab es irgendwelche gravierenden Probleme. Wir können das ja mal zusammen checken.«

Die zweite Strategie ist, den jungen Kollegen 100 Prozent zu unterstützen. Sehen Sie zu, wie er seine großartige Idee bis zum Ende durchzieht, ohne ihn zu warnen, dass sie ein tot geborenes Kind ist.

Diese Alternative empfiehlt sich vor allem bei jungen Kollegen/Vorgesetzten, die einen sehr nerven und darum eine kleine Lehre brauchen.

Wir erwecken den Eindruck eines Mitarbeiters, der loyal, modern und lernwillig ist.

Aber wir wissen es besser. Und wir lieben das.

Oijajajaja, worüber soll man sich beklagen …

Das ist doch nicht zu fassen. Da gibt man ein Schweinegeld für ein Buch aus und dann soll man es gottverdammtnochmal quasi selbst schreiben!

BILDRECHTE

Seite 10, 12, 66, 69, 71, 80/81, 201: Roald Als
Seite 15: Seniorshop
Seite 39: Peter Clausen/Scanpix
Seite 42: Ukendt fotograf
Seite 44/45: Wulffmorgenthaler
Seite 49: Bjarne Schilling
Seite 51 (Bild 1 und 3): Polfoto
Seite 51 (Bild 2): dpa-report/Karl-Josef Hildenbrand
Seite 52 (Bild 4,5 und 7): Polfoto
Seite 52 (Bild 6): picture-alliance/dpa
Seite 56: Mads Winther/Polfoto
Seite 57: SnorBan
Seite 59: Henrik Sørensen/Scanpix
Seite 86: Privatfoto
Seite 91: Morgens Flindt/Scanpix
Seite 97: Privatfoto
Seite 106: Johnny Frederiksen/Polfoto
Seite 111: PhotoAlto/Polfoto
Seite 133: Bjarne Schilling
Seite 139: Corbis/Polfoto
Seite 144: Simon Høgsberg/Polfoto
Seite 150: Archangel Images/Polfoto
Seite 153: Nordicphotos/Polfoto

Seite 156: Bjarne Schilling
Seite 192/193: Bjarne Schilling

Trotz intensiver Bemühungen gelang es dem Verlag in einigen Fällen nicht, mit dem Rechteinhaber des jeweiligen Fotos Kontakt aufzunehmen. Der Verlag bittet diesen oder eventuelle Rechtsnachfolger, sich mit ihm in Verbindung zu setzen. Er verpflichtet sich, rechtmäßige Ansprüche nach den üblichen Honorarsätzen zu vergüten.